C. A. Albert

Die Sprache Philippes de Beaumanoir in seinen poetischen

Werken

Eine Lautuntersuchung

C. A. Albert

Die Sprache Philippes de Beaumanoir in seinen poetischen Werken
Eine Lautuntersuchung

ISBN/EAN: 9783744604994

Hergestellt in Europa, USA, Kanada, Australien, Japan

Cover: Foto ©Thomas Meinert / pixelio.de

Weitere Bücher finden Sie auf **www.hansebooks.com**

MÜNCHENER BEITRÄGE

ZUR

ROMANISCHEN und ENGLISCHEN PHILOLOGIE.

HERAUSGEGEBEN

VON

H. BREYMANN und E. KOEPPEL.

V.

DIE SPRACHE PHILIPPES DE BEAUMANOIR IN SEINEN POETISCHEN WERKEN,

EINE LAUTUNTERSUCHUNG.

———◆—◆◆—◆—— —

ERLANGEN & LEIPZIG.

A. DEICHERT'SCHE VERLAGSBUCHH. NACHF. (GEORG BÖHME).

1893.

DIE

SPRACHE PHILIPPES DE BEAUMANOIR

IN SEINEN POETISCHEN WERKEN,

EINE LAUTUNTERSUCHUNG.

VON

A. C. ALBERT.

ERLANGEN & LEIPZIG.

A. DEICHERT'SCHE VERLAGSBUCHH. NACHF. (GEORG BÖHME).

1893.

Inhalts-Übersicht.

—

Einleitung.

Wir besitzen nur eine Handschrift der poetischen Werke Beaumanoirs. Dieselbe gehört der Bibliothèque nationale (fonds français 1588, anc. 7609²) an und enthält:

La Manekine, Jehan et Blonde, Salu d'amour, Conte d'amour, Conte de fole larguece, Fatrasie: En grant esveil, Lai, Ave Maria, Fatrasie: Li chans d'une raine, Salut a refrains.

Die poetischen Werke Philippe's de Remi, Sire de Beaumanoir, sind im ganzen viermal veröffentlicht worden, und zwar in folgenden Ausgaben:

I. Roman de la Manekine par Philippe de Reimes, trouvère du 13ᵉ siècle, publié par Francisque Michel. Imprimé à Paris pour le Banatyne Club par Maulde et Renou, 1840. gr. in-4°; XIX u. 294 Seiten.

II. The Romance of Blonde of Oxford and Jehan of Dammartin by Philippe de Reimes, a trouvère of the thirteenth century. Edited from the unique ms. in the Imperial Library in Paris, by Mr. Leroux de Lincy. Printed for the Camden Society, 1858, in-4°; XXVII u. 214 Seiten.

III. Philippe de Remi, Sire de Beaumanoir, jurisconsulte et poète national du Beauvaisis (1246—1296), par Henri L. Bordier. Paris, Techener 1869 et 1873, in-8°; 267 u. 315 Seiten.

IV. Œuvres poétiques de Philippe de Remi, Sire de Beaumanoir, publiées par H. Suchier; vol. I, 1884, clx u. 366 Seiten; vol. II, 1885, 424 Seiten.

Der vorliegenden sprachlichen Untersuchung wurde die
für die Société des anciens textes veröffentlichte Ausgabe Suchiers[1]) zu Grunde gelegt. Dieselbe enthält, nebst
zahlreichen Einzelheiten über den Lebenslauf Beaumanoirs
— die wir der eingehenden Forschung des Herrn Bordier
verdanken — und einer Besprechung der Werke des Dichters,
ein Kapitel, welches seine Sprache behandelt (p. 127—146
der Einleitung). Da aber in diesem Abschnitte nicht im
einzelnen festgestellt worden ist, in welcher Mundart
Beaumanoir seine poetischen Werke verfasst hat, so versucht
die vorliegende Abhandlung die sonst mustergültige Ausgabe
nach dieser Seite hin zu vervollständigen.

Um dieses Ziel zu erreichen, waren zwei verschiedene
Wege offen: entweder konnte vom lateinischen oder vom
französischen Lautstand ausgegangen werden. Da es sich
jedoch vor allem darum handelte, die Sprache des Dichters
festzustellen, so war es natürlicherweise geboten, vom Französischen als Grundlage der Untersuchung auszugehen. Für
dieses Verfahren spricht übrigens noch ein Moment, welches
nicht unterschätzt werden darf. Wäre das Lateinische als
Grundlage genommen worden, so würde die Arbeit jedenfalls
weniger übersichtlich erscheinen. Da bekanntlich der fran-
zösische Laut meistens auf verschiedene lateinische Quellen
zurückgeht, so wäre häufig der Fall eingetreten, mehrmals
auf denselben französischen Laut als Endresultat zurückzu-
kommen, wodurch die Untersuchung sicher an Einheitlichkeit
verloren hätte.

Es sei zum Schlusse dem Verfasser gestattet, Herrn
Professor Dr. Breymann seinen besten Dank auszusprechen
für die freundliche Unterstützung, welche er dieser Arbeit
angedeihen liess.

[1]) Cf. Zeitschr. f. rom. Phil. 1886, X, 302—306; Litteraturblatt,
1886, No. 12, Sp. 498—502.

Übersicht der benutzten Litteratur.

Apfelstedt, Laut- und Formenlehre einer lothringischen Übersetzung des XIV. Jahrhunderts. Diss. Bonn, 1888, 8⁰.

Ascoli, Archivio glottologico italiano, Band. III, Firenze, 1872 ff.

Bartsch und Horning, La langue et la littérature françaises depuis le IX⁰ siècle jusqu'au XIV⁰· Paris, 1887, 8⁰.

Beetz, C, ch vor a im Altfranzösischen. Darmstadt, 1887, 8⁰.

Cohn, G., Die Suffixwandlungen im Vulgärlatein und im vorlitterarischen Französisch nach ihren Spuren im Neufranzösischen. Halle, 1891, 8⁰.

Förster, Gregoire lo pape, li dialoge. Halle, 1876, 8⁰.

— — Li chevaliers as deus espees. Halle, 1877, 8⁰.

— — Cligés. Halle, 1884, 8⁰.

Gröber, Grundriss der romanischen Philologie. Band I, Strassburg, 1888, 8⁰.

Joret, Caractère et extension du patois normand. Paris, 1883, 8⁰.

Koschwitz, E., Commentar zu den ältesten französischen Sprachdenkmälern. Heilbronn, 1886, 8⁰.

Meyer-Lübke, Grammatik der romanischen Sprachen. Leipzig, Band I, 1890, 8⁰.

Meyer, Paul, Recueil d'anciens textes. Paris, 1874, 8⁰.

Nisard, Charles, Étude sur le langage populaire ou patois de Paris et de sa banlieue. Paris, 1873, 8⁰.

Paris, Gaston, Extraits de la chanson de Roland et de la vie de Saint-Louis. Paris, 1887, 16⁰.

Recueil de mémoires philologiques. Stockholm, 1889, 8⁰.

Rothenberg, De suffixarum mutatione. Diss. Berlin, 1880, 8⁰.

Schwan, Grammatik der altfranzösischen Sprache. Laut- und Formenlehre. Leipzig, 1888, 8⁰.

Suchier, Aucassin et Nicolete. 3. Aufl., Paderborn, 1889, 8⁰.

— — Œuvres poétiques de Philippe de Remi, Sire de Beaumanoir, publiées pour la société des anciens textes français. 2 Bände, Paris, 1884 u. 1885, 8⁰.

Ten Brink, Daner und Klang. Strassburg, 1879, 8⁰.

Tobler, De Francicae linguae recta pronuntiatione Theodoro Beza auctore. Berlin, 1868, 8⁰.
— — Li dis dou vrai Aniel. 2. Aufl., Leipzig, 1884, 8⁰.
Alle übrigen Werke sind im Laufe der Arbeit zitiert worden.

Abkürzungen.

Man...	= Manekine.	I. Fatr.....	= Irᵉ Fatrasie.
JBl...	= Jehan et Blonde.	Lai.......	= Lai d'amours.
Sal...	= Salu d'amours.	Ave.......	= Ave Maria.
C. d'A..	= Conte d'amours.	II. Fatr....	= IIᵉ Fatrasie.
F. Larg.	= Conte de Fole Larguece.	Sal. refr....	= Salut a refrains.

I. Lautlehre.

1. Vokalismus.

a) Orales A.

Vor einfachem *l* entspricht dieser Vokal dem freien betonten lat. *a* in Lehnwörtern und in *mal.* Diese Erhaltung des *a* finden wir hier und da belegt, z. B. *(aval:) mal Man.* 730, *(senescal:) paringal* 3984, *mal: loial JBl.* 3621. In *chaut (cálet) JBl.* 953 hat man dem *l* die Kraft zuerkennen wollen, das vorausgehende *a* zu schützen.[1]) Bekanntlich besteht aber neben *chalt, chaut* auch *chielt, chelt,* in welcher Form das *ie* bzw. *e* die lautgesetzliche Vertretung des bet. lat. *a* ist. Dass neben dieser letzten Form auch *chaut* vorkommt, ist nicht überraschend, wahrscheinlich haben wir es hier mit einem Fall der Angleichung zu thun: die stammunbetonte Form hat die stammbetonte beeinflusst.

Beaumanoir scheint nur die Endung *-age* gekannt zu haben, welche nicht allein in der Picardie, sondern auch in den westlichen und südwestlichen Gebieten Frankreichs *-aige* als Nebenform hatte.[2]) Das Wort *aaige JBl.* 6062, welches äusserst selten, und noch dazu im Innern des Verses vorkommt, ist die einzige Ausnahme, kann daher nicht als massgebend betrachtet werden. Also: *message: langage Man.* 3199, *servage: mariage* 3643, *corage: barnage* 3985,

---

[1]) Cornu, Romania VII, p. 354 ff.   [2]) Görlich, in den franz. Stud. 1882, III. 2 Heft, p. 34, und 1887, V, 2. Heft, p. 19 u. 20.

yretage : outrage 4733, *rage : mariage* 7030, *rage : damage* JBl. 2567, *bosquages* 3009, *signerage* 4221, *hommage* 5335, *message* 5547, *ombrage* 5951 [: *sage, s*].

Bis auf einen einzigen Fall, von dem S. 27 die Rede sein wird, ist im Reim die Endung -*able* die allgemeine. Aus diesem Grunde dürfen wir sie dem Dichter zuschreiben: *tables : delitables Man.* 1387, *sable : delitable* 2230, *tables : delitables JBl.* 4871 etc.

Neben dem lautgesetzlichen Worte *(terme :) lerme JBl.* 1888 finden wir die zuerst von Rutebeuf angewendete Nebenform[1]) *larme JBl.* 1965. Letztere Form, welche übrigens nur im Innern eines Verses vorkommt, erlaubt uns nicht zu sagen, dass die Eigentümlichkeit der Pariser Volkssprache, *e* vor *r* zu *a* werden zu lassen in Beaumanoirs Gedichten Regel ist.

Es steht *a* für *o* in dem häufig vorkommenden Worte *dame Man.* 1033, *JBl.* 537 etc. etc.[2])

Der Vokal *a* beruht auch auf lat. vortonigem *a*. Während das lat. *a* in freier Silbe und unter dem Ton meist zu *e* wird, bleibt das lat. vortonige *a* in freier Silbe mit grosser Stetigkeit erhalten; hier wirken die Lautgesetze mit einer viel grösseren Regelmässigkeit.

Obwohl vortoniges *a* nach *c* in der Regel als *e (ie)* erscheint, bieten unsere Urkunden einige Beispiele, in denen *a* trotz des vorausgehenden *c* vorkommt, z. B.: *caoir Man.* 690, *cavel* 1580, *kavel* 2244, *meskaance JBl.* 1026, *caoient* 1825. Dies aber nur vereinzelt.

In einigen Fällen finden wir auch *paor* mit erhaltenem *a*, wie dies in den südwestlichen Dialekten vorkommt[3].) (Vgl. Suchier, Einleitung, p. cxxxvij).

A steht für *e* in *manacent JBl.* 3794 durch Assimilation und in dessen verwandten Formen; in *daarains* 4392, *raenchon Man.* 85, sowie in *anemi JBl.* 3719 durch Dissimilation.[4])

---

[1]) Herrigs Arch., Bd. 64, p. 393. [2]) Förster, Zeitschr. f. rom. Phil. XIII, 548; G. Paris, in Romania XIX, 353, 354; Ascoli, in Arch. glott. III, 330. [3]) Görlich, l. c. III, 2. Heft, p. 74. [4]) Cligés, 1884, p. LXVII.

Erwähnt seien auch die Fälle, in denen *a* und *o* in demselben Worte mit einander wechseln: *pramet JBl.* 1066, *pramis* 1067 neben dem Substantivum *proumesse* 3747 und *promesse* 5118. In dem Worte *parfonde JBl.* 5266 liegt *per* zu Grunde, welches übrigens überall dasselbe Produkt ergab: *par* 312. Das *a* beruht auf lat. *i* in dem Worte *arondele JBl.* 4183. Schliesslich, wenn wir *a* in Wörtern wie *la (: apela) JBl.* 978, *ja* 981, *car* 613, (*quar* 3737) finden, so lässt sich dies nur durch den Umstand erklären, dass diese Wörter durch die Häufigkeit des Gebrauches accentverlustig wurden, und so das lat. *a* als unbetonter Vokal die Wandlung zu *e* nicht mehr durchmachen konnte. [1])

β) Nasales *A*.

A vor *n* und Konsonant wird zum Nasallaut, und aus den Reimen geht hervor, dass *a* vor *n* und Konsonant und *e* vor *n* und Konsonant lautlich identisch sind. Darin liegt ein Beweis, dass die Sprache unseres Dichters in diesem Punkte von normannischem Einfluss frei war, denn diese zwei Laute sind in der normannischen Mundart streng geschieden. Beispiele von Nasalisation finden wir in folgenden Fällen: *serement : sautant Man.* 347*, [2]) *devant : ireement* 576*, *mandent : atendent* 761*, *commant : tourment* 847*, *ensement : plorant* 1015*, *balance : panse* 1677*, *marceans : Flamans* 3169*, *entent : alentant* 3189, *samblant : maltalent* 3337, *samblant : seulement* 4019, *parlemens : Jehans JBl.* 121, *amant : torment* 1113, *demant : encombrement* 1761, *amant : doucement* 1945, *atent : tant* 2032, *tornant : vent* 2225 etc. etc. Oft finden wir auch, dass *a* vor *n* und Konsonant mit *e* vor *n* und Konsonant

---

[1]) Cornu, in Rom. VII, 354 ff. [2]) Alle in vorliegender Abhandlung mit einem Sternchen (*) versehenen Formen wurden auch von Suchier in der Einleitung seiner Ausgabe der poetischen Werke Beaumanoirs zitiert. Ferner wird bei jeder einzelnen Gruppe der aufgeführten Belegstellen bemerkt werden, ob der betreffende Fall auch von Suchier in seiner Einleitung besprochen worden ist.

verwechselt wurde, so in: *enfans : tans JBl.* 193, *servement : commant* 443, *couvenant : repant* 847, *parant : errant* 1678, *demant : commant* 2631 und unzählige Male im Versinnern. (Suchier, Einleitung, S. cxxxij).

Es treten uns Reime entgegen, wie: *ardans : laians Man.* 853*, *Jehans : leans JBl.* 587*; auch sind die Formen auf *-ans* im Reim ziemlich häufig, jedenfalls ist die Form *laians, leans* für den Dichter gesichert. Im Versinnern und auch sonst im Reim tritt die picardische Eigentümlichkeit, *ẽ* aus *ã* entstehen zu lassen, häufig auf (ein Zug, welcher auch für das Wallonische[1]) charakteristisch ist), so: *laiens JBl.* 968, 1148, 1506, *chaiens* 1368; diese Formen sind ebenfalls für die Sprache des Dichters belegt: *laiens : liiens Man.* 4569*, *noiens : loiiens I Fatr.* 32*. Nach dieser Wahrnehmung konstatieren wir, dass Beaumanoir ebensowohl die picardische als auch die francische Aussprache dieser Wörter kannte. Dieser Umstand tritt ziemlich häufig auf, und erschwert dadurch die Annahme, dass Philippe in einem bestimmten Dialekte seine Gedichte verfasst hat. (Suchier, Einleitung, S. cxxxij).

E.

Betrachten wir zunächst *e* als Produkt des freien, betonten lat. *a*. Dieses *e* ist in den Reimen meist nur mit sich verbunden; nur zwei Fälle, in welchen *e* (= *a*) mit *e* (vulg.-lat. *ę*) reimt, sind zu erwähnen, nämlich *tex : Dex JBl.* 187, *leve (lavat) : teve (tepidus)* 4452. Es ist ganz überflüssig, die Theorie von Ten Brink in Anspruch zu nehmen,[2]) um ersteres zu erklären. Wir konstatieren nur aus diesen zwei Beispielen, dass in unseren Urkunden der Lautwert des einem lat. freien, betonten *a* entsprechenden *e* und der des aus undiphthongierten *ę* (es sei im Lateinischen in offener oder in geschlossener Silbe) derselbe ist. Dass übrigens *e* aus vulg.-lat. *ę* in Position in Beaumanoirs Gedichten mit

---

[1]) *Aucassin et Nicolete,* 3. Aufl., p. 66.   [2]) Ten Brink. Dauer und Klang.

den ersteren zusammenfällt, ist klar, da die drei *e* schon
Mitte des XIII. Jahrhunderts mit einander reimen, und die
von uns untersuchten Texte nach Suchiers Ansicht[1]) der
zweiten Hälfte des XIII. Jahrhunderts angehören.
Ten Brink meint auch, dass dieses *e* ursprünglich lang
und offen war, aber seit Ende des XII. Jahrhunderts geschlossen ausgesprochen wurde.[2]) Dieser Vorgang darf vielleicht nicht als ausnahmslos betrachtet werden, da gewisse
Teile des normannischen Gebietes in dieser Hinsicht sich dem
Lautgesetz entzogen zu haben scheinen. Im Francischen hat
e (= lat. *á*) geschlossene Aussprache angenommen (bis auf
einige Ausnahmen, so in *mer*, *amer* und sonst vor *l*; letztere
Ausnahme ist ebenfalls im Normannischen vorhanden). Es
wurde schon die Ansicht ausgesprochen,[3]) dass *e* (= lat. *á*)
in der westlichen Normandie stets offen gewesen sei, wie
heute im mittleren Cotentin. In einer dem Verfasser ge-
läufigen Mundart der östlichen Normandie (Pitres, canton de
Pont-de-l'Arche, département de l'Eure) ist dieses *e* im Auslaut
im Gegensatz zum Francischen und zum Neufranzösischen
bis heute offen geblieben, z. B. *bontè, santè, pitiè, aimè*. Nur
vor *r* — dies aber ohne Ausnahme — ist dieses *e* in demselben Dialekte geschlossen: *pére, mére, amér (amarus)* etc.
Dürfte dieser Umstand uns nicht erlauben zu sagen, dass
dieses auslautende *e* (= lat. *á*) im Normannischen die offene
Aussprache behalten hat? Denn, wie Huber richtig bemerkt,
liegt kein Grund vor, um Rückbildung vom geschlossenen
zum offenen Laut anzunehmen.

Besonders erwähnenswert sind Reime wie: *queres : freres*
JBl. 5339*, *matere : mere Man.* 5391*, 8285*. Die offene
Aussprache von *matere* ist durch *matere : esclere JBl.* 3417*
(*esclere* hat offene Aussprache, vgl. *faire : esclaire JBl.* 4724),
matere : querre Man. 2877* gesichert, dasselbe gilt von *gueres*,
afaires : gaires Sal. 431*; demnach kann man annehmen, dass

---

[1]) Suchier, Œuvres poét. de Beaumanoir, publiées pour la Société
des anc. textes franç. I. vol. Introduct., p. xxj. [2]) Ten Brink, l. c., p. 41·
[3]) Huber, Die Sprache des Roman du Mont Saint-Michel, in Herrigs Archiv
Bd. LXXVI, p. 131.

in *freres* und in *mere* das betonte *e* schon offen ausgesprochen wurde, trotzdem dieses Lehnwort *matere*, wie Suchier es bemerkt, zwei Aussprachen, eine offene und eine geschlossene, gehabt haben mag. (Suchier, Einleitung, S. cxxxij). Ferner entsteht *e* aus class.-lat. *ě* (vulg. *ę*) in Position und hat für das Francische den Wert eines offenen *e*: die folgenden Reime: *pais : pres* *JBl.* 851, *est : lest* 1013, *maistres : estres* 2000, *plest : arrest* 5086, *pres : les* 5205 beweisen dies zur Genüge. Die Sprache des Dichters war frei von der Eigentümlichkeit, lat. *ē* (vulg. *ę*) in Position (in einigen Fällen auch class. *i* in Position) zu *ie* werden zu lassen; denn nimmt auch Tobler an,[1]) dass dieses picardische *ie* mit ungebrochenem *e* in picardischen Urkunden reimen darf, so glaube ich doch nicht berechtigt zu sein, Reime wie: *damoisele : escuiele JBl.* 3388, *apiele : capiele* 5391 dem Dichter zuzuschreiben. Gegen die letztere Annahme spricht erstens die immerhin genügende Anzahl von Reimen. in welchen *e* (= lat. *ě* resp. vulg. *ę* in Position) mit *e* reimt; zweitens ist mir kein massgebender Reim, wie z. B. *tierre : riviere* begegnet; ferner spricht dagegen der Umstand, dass *ie* im Versinnern weit häufiger vorkommt als im Reim, und endlich sind die echt francischen Formen äusserst zahlreich, ja sie haben das Übergewicht: *damoisele : bele Man.* 283, *estincele : bele* 411, *estre : celestre* 601, *noceles : beles JBl.* 3745, *isnel : batel* 3883, *apele : capele* 4739, *isnel : seel* 5011, *damoiseles : pureles* 5875 etc. etc. Das auf class.-lat. *ě* oder *ĭ* (= vulg. *ę*) in Position beruhende *e* hatte ursprünglich kurze und geschlossene Aussprache und veränderte sich im XII. Jahrhundert zu *ė*.[2]) Dass auch dieser Vorgang nicht allgemein war, ist bekannt. Nach G. Paris[3]) besteht das alte Verhältniss noch in der Touraine, wo *poulet, cadet* geschlossen ausgesprochen werden;

---

[1]) Tobler, Li dis dou vrai Aniel, p. XXIII.   [2]) Zeitschr. f. rom. Phil. III, p. 138.   [3]) Rom. V, 494, womit zu vergleichen ist Suchier in Z. f. r. Phil. III, 139.

dasselbe gilt auch von jenen normannischen Mundarten, welche
sich in Bezug auf *e* (= lat. *á*) anders verhalten, als das
Francische, wie wir es S. 9 erwähnten.
In *entes JBl.* 1614, *matere Man.* 5392 finden wir *e* anstatt des sonst häufig vorkommenden Diphthongs *ie*, ebenso
in *ere Man.* 7036 (= *eram*), *ert JBl.* 2292 (= *erat*), letztere
Form wechselt oft mit anderen in *ie* ab.
Von *e* im Reime mit *ie* wird später bei den Diph-
thongen die Rede sein.
Auch das undiphthongierte *e* in *teve (tepidus) JBl.* 4451
(im Gegensatz zur francischen Form *tiede*) verdient Erwähnung. Diese Form wäre in unseren Urkunden kaum
zu erwarten, weil sie sonst nur in altfranzösischen Denkmälern (St. Bernard, Ezechiel) vorkommt,[1]) welche dem östlichen Frankreich angehören. Da sie ausserdem heute noch
in gewissen Mundarten der Vogesen, im südwestlichen Elsass
und im Berner Jura besteht, kann man ziemlich sicher annehmen, dass sie in früherer Zeit diesen Gebieten eigen war.
Das Vorhandensein dieses Wortes in Beaumanoirs Werken
hat jedoch an und für sich nichts überraschendes, da das
Eindringen von Formen entlegener Dialekte in die Sprache
altfranzösischer Dichter durchaus nicht selten ist. Interessanter ist hier die Wahrnehmung, dass ursprüngliches *e̢*
undiphthongiert blieb, welches *e* wir im Provençalischen *tebe*
und im Wallonischen *ten* wiederfinden; eine Metzer Handschrift aus dem XIV. Jahrhundert hat *teive*,[2]) in letzterer
Form spielt das *i* keine Rolle, da im Lothringischen das
vulg.-lat. *e̢* in Position hier und da als *ei* wiedergegeben
wird, meistens aber unverändert bleibt.[3]) In *teve* wurde
der Dental nach dem Labial reduziert, während im Francischen *tiede* der Dental den Labial reduzierte. In beiden
Gebieten jedoch wird das freie vulg.-lat. *e̢* zu *ie*, wie oben
erwähnt. Um also das Auseinandergehen von *tiede* und *teve*

---

[1]) Horning, in Gröbers Zeitschr. 1891, Bd. XV, p. 495 u. 499 Anm. 1.
[2]) Romania, Bd. XV, p. 185 u. 186.   [3]) Apfelstedt, Laut- und Formenlehre, p. 22.

zu erklären, muss man mit Horning annehmen, dass in der
francischen Form *tiede* die Diphthongierung älter ist als die
Syncope, während die östliche Form *teve* einen undiphthongierten Vokal aufweist, nur aus dem Grunde, dass auf
östlichem Gebiete die Syncope vor der Diphthongierung
stattfand.[1])
      Das vortonige *e* im Hiatus ist erhalten in: *veoir JBl.*
719, *pourveoir: asseoir* 1891, *tempreüre: seüre* 1549, *ambleüre*
2060, *armeüres* 3755. Ferner ist es erhalten in *ne JBl.* 204,
nicht ausgedrückt ist es in *encor* 738. Dagegen ist es eingeschoben in folgenden Wörtern: *prenderai Man.* 226*, *me-
terai* 917*, *conisteront* 2343*, *devera* 3712*, *aperceveroient
JBl.* 1731, *viveroit* 3966, *deveront* 5273, *responderai Sal.* 770*.
Dass wir diese Einschiebung dem Dichter selbst verdanken,
zeigt die Silbenzählung. (Suchier, Einleitung, S. cxxxvj.)
      Endlich steht *e* für *o* in *honerés JBl.* 54 und in vielen
ähnlichen Formen; in *demainne* 645, *reonde* 996, *sereurs*
2070; in *felenesse* 3430 (durch Assimilation), *saverons* 3575,
signerage 4221, *estevoit* 4949; in *Jehan(s) JBl.* 67, 112 etc.,
und schliesslich vertritt *e* ein vulg.-lat. ǫ (class. *ñ*) in *coure-
cies JBl.* 2448. Das Wort *destrier* 4241 beruht auf einem
destrarium.[2]).

I.

      Dieser Vokal entsteht 1) aus lat. *i* in freier und in
gedeckter Silbe und 2) aus vulg.-lat. ę (class. *ê*) + *i* Element.
In den Urkunden findet man beide im Reim mit einander
gebunden: *sis: vis (vivus) JBl.* 57*, *dit: respit* 769, *petit: lit*
1459, *respit: petit* 2335, *pri: ainsi* 2369.
      Ob zu diesen Beispielen das in den Texten häufig vor-
kommende Wort *sire* zu rechnen ist, vermag man nicht zu
entscheiden.

---

[1]) Horning, in Zeitschr. f. rom. Phil. 1891, XV, 495 u. 599 Anm. 1.
Cf. ferner Suchier im Grundriss der rom. Phil., Strassburg, 1888, I, 377,
381. [2]) G. Paris, Extraits de la chanson de Roland, Paris, 1887, p. 24.

Förster erblickt hier Zuspitzung des *e* zu *i*[1]) und erklärt dieselbe dadurch, dass vielleicht das *i* der folgenden Silbe in *senior* zuerst das betonte *e* zu *e* steigerte, worauf dieses *e* unter Einfluss des darauffolgenden *i*-haltigen *n* zu *i* wurde.

Dagegen ist Meyer-Lübke der Ansicht, dass dieses *e* genau dieselbe Behandlung erfahren hat, welche es sonst unter dem Ton erleidet,[2]) demnach wäre in *sire* das *i* als Produkt des Triphthongs *iei* anzusehen.

Jedenfalls haben wir es hier mit einem Substantivum zu thun, welches bald als Anrede, bald vor Eigennamen häufig gebraucht wurde, und welchem in der Lautlehre eine besondere Stellung eingeräumt werden muss; dass solche Wörter am meisten abgekürzt und gewissermassen durch öfteren Gebrauch abgenutzt werden, unterliegt ja keinem Zweifel.

Wie es mit der Entwickelung des *i* in *sire* auch sei, es liegt noch eine andere Schwierigkeit vor, welche in diesem Worte zu lösen ist: Welches Schicksal erlitt das *n*? Davon wird .später (S. 32) im Konsonantismus (unter *n*) die Rede sein.

Als ähnlicher Fall der Zuspitzung eines *e* unter Einfluss des *n* wäre nach Förster auch *Sarrazin [our]* JBl. 5846 zu rechnen.[3]) Ob das in diesem Wort vorhandene *i* sich auch nach dem Vorgange entwickelte, welchen Förster annimmt, bleibt noch dahingestellt; denn gibt man mit Förster zu, dass das *e* sich in *i* verwandelte, so muss man annehmen, dass sich diese Veränderung bereits im Vulgärlatein oder erst später auf französischem Gebiet vollzog. In beiden Fällen ist man berechtigt zu fragen, warum dies gerade nur in *sarrazin* (auch sonst in *raisin, parchemin, poussin, venin, marquis, pris, pays* nach Förster) geschah, und warum Wörter, welche genau denselben Bedingungen entsprechen, im Französischen kein *i* aufweisen, also verschont blieben, warum z. B. *defois* aus *defe(n)sum, souspois* aus *suspe(n)sum* etc.?

---

1) Förster, in Zeitschr. f. rom. Phil. III, 502, 514. 2) Gramm. I, 520. — Vgl. auch Koschwitz, Commentar, p. 13. 3) Förster, Zeitschr. f. rom. Phil. III, 514.

Vielleicht könnte man eher annehmen, dass in *sarrazin* eine Suffixvertauschung stattfand.[1]) Die Form *matire* (neben *matere:mere* Man. 5392*, 8285*, *matere:querre* 2877*, *matere:esclere* JBl. 3417*) ist durch Reim gesichert: *matire:mesdire* Sal. 672.[2]) Erwähnt sei auch *eglize* JBl. 5913, 5960, 6155, welches nicht jenen Wörtern anzureihen ist, in welchen Umlaut stattgefunden hat, welches aber jetzt ziemlich allgemein aus einem *ecclesia* abgeleitet wird. Es ist nachgewiesen, dass das griechische lange *e* bei den Gelehrten bis in das IV. Jahrhundert n. Chr. wie langes offenes *e* lautete.[3]) Das *i* ist also nur der vereinfachte Diphthong, welcher sich aus *e* und aus dem posttonischen *i* entwickelte. Übrigens ist es leicht nachzuweisen, dass der Triphthong *iei* in *eglise* vorhanden war, das Provençalische kennt die Reduktion von *iei* zu *i* nicht und das Wort lautet in dieser Sprache *glicisa*. Was *gist(:dist)* JBl. 1151 betrifft, so ist es regelrecht aus *jacet* entstanden:[4]) *jacet, jaist* (vgl. *placet, plaist*), das vorangehende *i* bewirkte, dass *a* zu *e* wurde: *jeist, jieist* und durch Vereinfachung des Triphthongs: *jist, gist*.

Echt picardische Formen sind: *mi (:desservi)* C.d'A. 1712, *si* JBl. 2750 aus *me, se*.

Das *i* ist nasaliert in *Dantmartin:matin* JBl. 65, *traïn: chemin* 3000, *derin:vin* Man. 4413 etc.

Reime wie *haïne:estrine* JBl. 519, *haïne:roïne* 5772 zeigen, dass die Kontraction von *ai (oi)* sich in diesen Wörtern noch nicht vollzogen hatte und beweisen ausserdem, dass eine starke Betonung des *i* in ihnen vorhanden war. Übrigens zeigt auch die Silbenzählung deutlich, dass wir es mit einem dreisilbigen *haïne (roïne)* zu thun haben. Es sei auch gleich bemerkt, dass *roïne* auf einer Anbildung an das Maskulinum *roi* beruht.

---

[1]) Cohn, Suffixwandlungen, p. 221—226. [2]) Cohn, l. c., p. 283 f. Flechia, in Arch. glott. II, 367. [3]) Herrig, Arch., Bd. LXXVII, 340 P. Meyer, in Romania XX, 319; Schwan, in Zeitschr. f. rom. Phil. XII, 196, und Förster, in Zeitschr. f. rom. Phil. III, 502. [4]) Romania IV, 123; V, 67; VI, 324; VII, 353; XI, 604; Archivio glottologico III, p. 72.

Ein dem Picardischen eigentümlicher Zug ist die Vereinfachung von unbetontem *oi* (resp. *ai, ei*) zu *i* vor *s*.[1]) Zwei Beispiele dieser Besonderheit treten uns entgegen: *pamison JBl.* 770 und *renison* 5201; es ist also nicht notwendig, hier Suffixvertauschung in Anspruch zu nehmen. Übrigens ist dieser Zug besonders häufig vor *l̃* und *ñ* vorhanden,[2]) *envillir JBl.* 71, *consillast* 931, *signeur : grigneur* 975, *orguilleus* 1084, *villa (veiller) : soumilla* 2611, *apparillemens* 3097, *travillast* 3536, *ensignie* 5300, *villier : apparillier* 5911. Das *i* ist nicht ausgedrückt in *bos (buscum) JBl.* 3585, der Reim (: *roussignos*) erlaubt uns, diese picardische Form[3]) dem Dichter zuzuschreiben; *o* für *oi* ist nämlich in der Picardie sehr häufig.

Durch Einfluss des folgenden Labials wurde *i* zu *u* in dem bekannten Wort *desafubler JBl.* 2756, welches aus *(de ex) affibulare* abgeleitet ist.[4]) Das tonlose *i* beruht auf *e* in den folgenden Formen: *ingalment JBl.* 292, *hiretages* 6231, in *infer* 6237 ist *i* nur eine Reminiscenz an das Etymon. Dann sind die Wörter *litieres JBl.* 4485 und *delitables* 4871, 5415 direkt aus dem Französischen gebildet, ein Umstand, welcher die Berechtigung des protonischen *i* in diesen Wörtern erklärt.

O.

Bei der Behandlung dieses Lautes bemerken wir zunächst, dass derselbe in Beaumanoirs Gedichten bald mit *ou*, bald mit *eu* abwechselt.

Vor *r* finden wir:

1) Die Schreibung *o* in *jor Man.* 118, *plors* 842, *dolor* 1098, *assejor* 1022, *sinator* 4961*, *honors* 6584*, *millor JBl.* 172, *plors C. d'A.* 3, 7, *clamor Sal.* 336.

[1]) Förster, Chevalier as deus espees, p. XXXIX.   [2]) Zeitschr. f. rom. Phil. 1, 409 und Aucassin et Nicolete, 1889, p. 67.   [3]) Förster, Chevalier as deus espees, p. XL.   [4]) Vgl. jedoch Gröber in Wölfflin's Arch. II, 285; Bugge und Parodi, in Rom. III, 162, bzw. XVII, 58.

2) Die Schreibung *ou* in *amour Man.* 117, *contour* 132, *signour* 175, *tristour* 1097, *encourt* 1558*, *errour* 1869*, *paour* 1887*, *atour* 2247, *traitours* 2373, *honour* 3721*, *dolour* 4915*, *senatour* 6059*, *je demour JBl.* 2821*, *ardour* 2957, *amour* 3043, *demourt* 3095*, *jour* 3242. *cremour* 3486, *clamour Sal.* 928, *millour I Fatr.* 16, *II Fatr.* 8,7*.

3) Die Schreibung *eu* in *demeure Man.* 860, *signeur:* *honeur* 1855, *eurent:keurent Man.* 2303*, *seurent:pleurent* 4263*, *eurent:saveurent* 6516*, *queurent:assaveurent JBl.* 1590*, *eure:pleure* 2897, *demeure:eure* 4121.

Es ist kein Zweifel, dass von Beaumanoir sowohl *ou* wie *eu* herrühren. Dies lässt sich aus einigen Wörtern ent-' nehmen, die mit anderen reimen, welche im Französischen die Wandlung von *ou* zu *eu* nicht machten.

Massgebend für *ou* sind *dolour(:amour) Man.* 1455, *(amours:)pluisours* 1504, *errour(:jour)* 1869, *(amor:) savour* 2120, *(Amours:)clamours JBl.* 1029, *(jour:)demour* 2229, *douchour(:jour) C. d'A.* 12,8, *(tour:)ardour* 12,10, *(entour:) colour Lai* 22, *(jour:)colour* 31. *(amour:)clamour* 125, *(four:) millour II Fatr.* 8,7.

Dass der Dichter auch die Schreibung *eu* kannte, lehren Wörter, in denen häufig *eu* erscheint, dann Reime wie: *pleurent:seurent Man.* 4263, *eurent:saveurent* 6515, *queurent: eurent JBl.* 6011, *labeurent:eurent F.Larg.* 146.

Es ist überflüssig, Substantiva anzuführen, welche manchmal mit *ou*, manchmal mit *eu* erscheinen; erwähnt sei nur, dass dieselben Substantiva noch bis zum XV. Jahrhundert in der doppelten Form auftreten[1]. (Suchier, Einleitung, S. cxxxj).

Das class.-lat. *démŏror* erscheint als *demeure:eure JBl.* 201 neben *demour:jour* 2230, ist also den Wörtern zuzuzählen, welche geschlossenes *o* aufweisen,[2]) und so darauf hindeuten, dass dieser Form ein vulg.-lat. *demóro* (mit betontem geschlossenem *o*) zu Grunde liegen muss.

[1] Der Dialekt von Isle-de-France im XIII. Jahrhundert, in Herrigs Archiv, Bd. 64, p. 409. [2] Bartsch und Horning, La langue et la littérature française, p. 19.

Bekanntlich entsteht in einigen Fällen geschlossenes *o*, wenn ein *r* + *m* oder *r* + *n* darauf folgt.[1]) Es sei dies erwähnt gelegentlich des Reimes *tourne:sejorne JBl.* 1175.

Es wurde häufig die Ansicht ausgesprochen, dass *m*, *n*, wenn auch vom betonten Vokal durch *r* getrennt, doch die Kraft gehabt haben, das offene *o* zu schliessen. Es kann nicht in Abrede gestellt werden, dass *m* und *n* oft das vorangehende *o* schliessen. Dieser Umstand erklärt, warum Wörter, in welchen das *o* auf einem vulg.-lat. *ọ* (class. *ŏ*) beruht, mit anderen reimen, in denen das *o* aus einem vulg.-lat. *ọ* (class. *ŭ*) entstand.

Jedoch können wir nicht mit Bestimmtheit annehmen, dass *n* hier eingewirkt hat, da es in einigen anderen Wörtern wie *corne*, *dorment* etc., welche denselben Bedingungen entsprechen, niemals einen Einfluss ausübte.

Vor *s* schwankt die Schreibung wie vor *r*, am häufigsten kommen jedoch die Formen in -*eu* vor. Dies ist erklärlich, denn gerade vor *s* tritt *eu* am frühesten ein:

1) *Prous Man.* 3373*, *ambedous* 6552*, *saverous JBl.* 1821*, 3575*, *andous* 5787*, *amourous C. d'A.* 3, 8*, *dolerous* 3, 10*.

2) *Deus:preus Man.* 330, *perilleuse:deliteuse* 1404, *eus:convoiteus* 1434, *ambedeus* 6545, *preceuse:oiseuse JBl.* 5, *precheus:maleüreus* 33, *engigneus:malineus* 277, *outrageuse:crueuse* 1629,[2]) *morteus:espoënteus* 4279*, *orgilleus:Dex F. Larg.* 295*.

Die Schreibung *ou* ist durch folgende Reime gesichert: *saverous:dous (dulcis) JBl.* 1821, 3575, *C. d'A.* 39,2, *amourous:vous C. d'A.* 39,9. Gesichert ist die Schreibung *eu* durch *orgilleus:Dex F. Larg.* 295*.

Das Wort *mot* erscheint wie in anderen Denkmälern manchmal mit dem Produkt des vulg.-lat. offenen *o*, manchmal mit einem *o*, welches aus einem vulg.-lat. geschlossenen *o*

---

[1]) Rom. Studien III, p. 183; Romania X, p. 56. [2]) In *crueuse* liegt eine Suffixverwechselung zu Grunde. Cf. hierüber Rothenberg, De suff. mutatione, p. 46: Chevalier as deus espees, p. XLVI; Cohn, Suffixwandlungen, p. 60—63.

hervorging, im Reime gebunden. z. B.: *mos : clos JBl.* 617, welches für ein *mottum* sprechen würde, während *os : mos JBl.* 695 erlauben würde, class. *mūttum* als Etymon anzunehmen. Ebenso deuten *sot : mot JBl.* 2710, *mos : sos* 2920 auf *mūttum* hin, obwohl man über die Herkunft von *sot* auch nicht recht im Klaren ist.

Ob *mot* mit offenem Vokal sich, wie Gaston Paris es bemerkt, aus *mūttum* unter dem Einfluss von *mọvito* entwickelte,[1]) bleibt noch dahingestellt. Sollte dies wirklich der Fall sein, so müsste man annehmen, dass diese Veränderung sich in dem Vokale frühzeitig vollzog; fand dieselbe im Vulgärlatein statt, wie es am wahrscheinlichsten wäre und wofür überhaupt fast alle romanischen Idiome zu sprechen scheinen, so sieht man nicht recht ein, warum einzelne Dialekte (vgl. Neapolit. *mutto*, Sizilian. *muttu*) heute einen geschlossenen Vokal aufweisen; noch weniger begreift man den Umstand, dass im Altfranzösischen beide Formen lange Zeit hindurch neben einander bestanden, während eine einzige zu erwarten wäre. Gerade aus dem Grunde, dass die meisten romanischen Sprachen offenes *o* haben, erscheint mir *mọttum* das einzig richtige Etymon zu sein.

Dass *mot* in altfranzösischen Texten bald mit offenem, bald mit geschlossenem *o* assoniert, beweist nur, dass dieses Wort in demselben Zeitraume eine doppelte Aussprache hatte: 1) eine dem Etymon *mọttum* lautgesetzlich entsprechende und daher allgemeine, 2) eine dialektische mit geschlossenem Vokale. Letztere drang in das Francische ein und wurde vielleicht in dieser Mundart geläufig. Übrigens ist es nicht einmal nötig zu behaupten, dass dieselbe in der Volkssprache bestand; es genügt zu konstatieren, dass sie den francischen Dichtern bekannt war und dass diese zweite Form von ihnen gebraucht wurde, genau wie einige Jahrhunderte später Schriftsteller aus verschiedenen Provinzen Frankreichs die sogenannten *rimes normandes* in ihre

---

[1]) G. Paris, in Romania X, 58; Mussafia, in Zeitschr. f. rom. Phil. I, 408; Gröber, in Wölfflins Arch. IV, 127.

— 19 —

Dichtungen einführten, welche Reime bei diesen Dichtern nur
für das Auge Geltung hatten.

Zum Schlusse will ich noch bemerken, dass eine Ver-
schiedenheit in der Aussprache eines Vokals in dem sonst
gleich gearteten Worte je nach dem Dialekte an und für sich
keine Seltenheit ist. Der *o*-Laut vor *r* ist beispielsweise
im Neufranzösischen überall offen, im Normannischen dagegen
wird derselbe noch heute von der alten Generation geschlossen ausgesprochen.

In geschlossener Silbe tritt uns *o* entweder als *o* oder
als *ou* entgegen. Auch vor einfachem *n* wird hier und
da das geschlossene *o* durch *ou* dargestellt: *doune (: cou-
ronne) Man.* 760.

Die normannische Eigentümlichkeit, *u* für geschlossenes *o*
zu schreiben, findet sich innerhalb des Verses in *crupe JBl.*
4177 und *sunt* 6099.

In vortoniger Silbe wechselt auch die Schreibung *o* mit
ou ab, z. B.: *barounie Man.* 1063, *guerredouné* 1096, *prou-
mist* 5655, *sejorner JBl.* 113, *tornee* 801, *couvenance* 840,
plorant 900, *fourme* 1563, *demourer* 1805.

Von *o* in dem oft auftretenden Worte *erroment* wird
später (S. 33) bei *n* die Rede sein.

Ein Fall tritt uns entgegen, in welchem wir, anstatt *o*,
oe finden, nämlich *noeches JBl.* 2844, *noeces* 3348, 4773.
Einige sehen in dem Umstande, dass *noces* offen ausgesprochen
wird und in altfranzösischen Denkmälern mit *ρ* reimt, den Beweis dafür, dass folgendes *p* in *nūptias* das aus *n̄* entstandene
geschlossene *o* geöffnet hätte; indessen kann man hier kaum
Einfluss des *p* annehmen, da dasselbe sich frühzeitig assi-
milierte. Ich möchte mich der Ansicht jener anschliessen,
welche darin Einfluss von *npvus* (vgl. span. *novio* = Bräu-
tigam) erblicken.[1]

Das *o* vertritt auch class.-lat. *au* und reimt mit
Wörtern, in welchen *o* auf vulg.-lat. offenem *o* beruht: *cose*

---

[1] G. Paris, Rom. X, 395 f.; Meyer-Lübke, Grammatik, p. 138;
Gröber, in Wölfflins Arch. IV, 134.

2*

JBl. 311, *pocre* 1121, *ose* 2802. Ferner vertritt das *o* ein
i in dem häufig wiederholten *maron(n)ier JBl.* 2447, 2461,
3498 u. s. w. Es steht *e* in *vilonnie Man.* 1563 durch Assimilation an *felonie*, neben der gewöhnlichen Form *vilenie
Man.* 5685.

Schliesslich finden wir *o* für *a* in *noel Man.* 279, welches
Wort Schwan aus einem Vulgärlatein *notale* (Anbildung an
notus) ableitet.[1] Dass *notale* nicht annehmbar ist, zeigen
am deutlichsten prov., altspan. *nadal*, ital. *natale*. Die Form
noël ist also rein französisch.[2] Daneben war aber auch die
regelrechte Form *nael* im Anglonormannischen.[3] Meines
Wissens wurde *nael* im Altfranzösischen noch nicht belegt.
Die beste Erklärung über *noel* hat Diez schon längst ab-
gegeben: das ursprüngliche *a* hat allmählich dem *o* Platz
gemacht, in Folge einer unreinen, aber volkstümlichen Aussprache des ersten Vokals.

AI, EI.

Der Diphthong *ai* wird auch durch *ei* oder *e* dargestellt.
Fälle, in welchen *e* ein *ai* vertritt, sind z. B. *lerme
(:terme) JBl.* 1888, *mestre (:estre)* 3845, *plest (:s'irest)* 3855,
eslesse (:presse) 4281, *mes (magis) (:mes)* 4821, *pales (:lais)* 5865.

Erwähnt sei auch vortoniges *e* für *ai* in *ferai JBl.* 1932,
eine Schreibart, welche sich bis auf den heutigen Tag erhalten hat.

Diese Beispiele zeigen, dass die Vokalverbindung *ai*
ihren diphthongischen Werth bereits eingebüsst hatte; als
weitere Bestätigung dieser Ansicht seien noch angeführt:
mutere:fere Man. 35*, *C. d'A.* 2, 1*, *mais:pres* 583*, *pres:
pales* 675, *mais:apres* 833, *fait:s'entremet* 939*, *fait:pour-
tret* 2241, *fet:est* 3099, *crassete:faite JBl.* 323*, *greslete:
faite* 353, *pais:près* 851, *est:plet Lai* 68*, *amoneste:faite*

---

[1] Schwan, Gramm., p. 38. [2] Über dieses Wort ist zu vergleichen:
Geijer, Recueil de mém. phil. Stockholm, p. 21 f. (dazu G. Paris in Rom.
XIX, 124); ferner die Modern Lang. Notes VI, 3. März. [3] Diez, Etym.
Wörterb., 4. Aufl., p. 647.

Sal. 833*, *I. Sing. Fut. navré:avré Sal.* 200*, *faite:dete*
C. d'A. 45, 10*. (Vgl. Suchier, Einleitung, p. cxxxij.)
Der Umstand, dass *ai* nicht mehr diphthongisch lautet,
hat nichts überraschendes, da die Darstellung des *ai* durch
e im XIII. Jahrhundert in den Urkunden aus der Isle-de-
France sehr häufig war. Dieser Umstand erlaubt uns auch
zu konstatieren, dass hier die Sprache Beaumanoirs unter
echt francischem Einflusse steht. Denn dass die Verwechselung
zwischen *ai* und *e* im Picardischen nicht so früh wie im
Francischen (und im Normannischen) stattfand, ist bekannt;
die Vokalverbindung *ai* lautete im Picardischen in der zweiten
Hälfte des XIII. Jahrhunderts noch diphthongisch,[1]) und nach
Bezas Angabe hatte dieselbe selbst bis zum XVI. Jahrhundert
noch im Worte *aimer* den diphthongischen Laut.[2])
Über das Produkt des Suffix *-aticum* wurde bereits bei
a (S. 5) erwähnt, dass dasselbe allgemein als *-age* erscheint.
Die Reime zeigen nicht *aige*, und nur äusserst selten taucht
diese Form im Innern des Verses auf.

Ai + Nasalis. — Hier findet wiederum Mischung in der
Schreibung statt: *semaines:paines JBl.* 431, *saing:gaaing*
501, *complaindre:taindre* 503, *plaine (plena)* 1092, *praigne:*
engraigne 4691, *ensegne* 4825, *pregnet* 6245, und ebenso
in den anderen Urkunden.

Vor *n* wird *ei* (aus betontem vulg.-lat. *e* in offener Silbe)
nicht zu *oi*. Gesichert in *plaine:fontaine Ave.* 2, 1, *sou-*
veraine:paine 2, 5.

I E.

Dieser Diphthong ist auf vulg.-lat. *e* in offener Silbe
zurückzuführen. Von den sehr zahlreichen Beispielen dieser
Diphthongierung seien nur folgende angeführt: *enquiert:iert*
JBl. 134, *grief* 250 (welches auf ein *grevis* zurückgeht),
siege:piege 421, *lieve* 487, *viegne* 1763, *viés* 4542. Dieses
ie aus *e* reimt selbstverständlich mit dem *ie* aus lat. *a*:

---

[1]) Suchier, Aucassin, p. 62.   [2]) Tobler, De franc. l. r. pronunt.,
p. 46, zitiert von Suchier, Auc., p. 62.

entieres : chieres *JBl.* 5403. Das vulg.-lat. ę kann auch vor zwei mouillierten Konsonanten diphthongieren: *tierche* *JBl.* 1413.

Ie entwickelt sich aus *-arius* und aus *ęrium : escuier* *JBl.* 157, *mestiers : volentiers* 1357, *premiers : fiers* 4225, *moustier : mestier* 5171, *depecier : entier Man.* 5688, *volentiers : mestiers Fole L.* 199, *prisonnier : entier Lai* 55.

Vor dem Tone erscheint auch manchmal *ie : chierissent* *JBl.* 162, *bienviegna* 722, *bienviegnerent* 2068, *tierchaine* 3654, *tiemoignera* 4994.

In die Futurformen von *tenir* und *venir* ist dieser Diphthong noch nicht eingedrungen: *venra Man.* 4095, *revenrai* *JBl.* 1391, *venra* 1545, *venront* 3688, *tenra* 2429, *tenron* 5390.

Ferner beruht *ie* auf lat. *a*, welchem die Palatalen *c, ch, g* und mouillierter Konsonant vorangehen: *prisiés JBl.* 15, *laissiés* 103, *trenchier* 196, *bienvegnier* 4639, und zuweilen erscheint es in Wörtern, wo eine *i*-haltige Silbe vorausgeht, wie in *pitié JBl.* 5330 (cf. *medietátem-moitié*) neben der Form *pité* 4940 etc.

Umgekehrt ist das *i* nicht vorhanden, wo man es erwarten würde: *bienviegnerent JBl.* 2068, *repairerent* 3833. Übrigens wechseln *e* und *ie* mit einander: *priier : definer Man.* 39*, *respiter : eschieuer* 705*, *alerent : tournoiierent* 2923*, *chevauchierent : arresterent* 3817*, *matere : arriere* 3993*, *mere : ciere* 4409*, *reprouverent : envoiierent* 7993*, *pasmerent : cuiderent* 8323*, *tornerent : cevaucierent* 8487*, *alerent : bienviegnerent JBl.* 2067*, *sejornerent : aprochierent* 3481*, *repairerent : demourerent* 3833*, *navrerent : sachierent* 4277*, *encontrerent : bienvignierent* 4641*, *leverent : apparillierent* 4863*, *chevaucerent : finerent* 5071*. Dieser Umstand zeigt auch, dass der auf lat. *a* beruhende Diphthong sich zu vereinfachen beginnt. (Vgl. Suchier, Einleitung, S. cxxxv).

Undiphthongiert erscheinen *matere Man.* 3993*, *JBl.* 3417 und das oft auftretende *ert* (*erat)*, welches übrigens mit Formen auf *ie* wechselt. *Sengler JBl.* 3424 (im Gegensatz zum Neufranz. *sanglier*) gehört zu jener kleinen Anzahl von Wörtern, in welchen *-aris* für *-arius* zu Grunde liegt

(eine Angleichung fand für diese Wörter nicht statt); *sengler*
ist also regelrecht aus *singularis* entstanden.

Charakteristisch für die picardische, aber auch wallonische und lothringische Mundart ist die Vereinfachung des
Triphthonges *iée* zu *ie*. Im Francischen ist der Triphthong
immer auf dem ersten *e* betont, im Picardischen dagegen
ruht der Ton auf dem *i*, und so lässt sich die Vereinfachung
zu *ie* erklären. In unseren Denkmälern ist letztere Schreibung vorhanden: *lie: Hongrie Man.* 751*, *mehaignie: felonnie*
815*, *envoiie: mie* 1309*, *assalie: liie* 1508*, *baisie: mie* 1987*,
apparillies: delies JBl. 259, *servie: taillie* 386, *envoiies: apparillies* 633, *maisnie: lie* 809, *toucie: servie* 831, *couchie: crie*
973, *vilonnie: maisnie* 1226, *consillie: ensignie* 801, *apoiie:
descargie F. Larg.* 257. (Vgl. Suchier, Einleitung; p. cxxxvj.)
Nur äusserst selten finden wir *-iée: oubliee: donee JBl.*
2929. *mainsnee: mariée* 6116, *acouciee: siee Man.* 95. Die
Formen in *ie* sind so allgemein, dass man sie wohl dem
Dichter zuschreiben kann. Übrigens sprechen deutlich für
diese Ansicht Reime wie: *Hongrie: baillie Man.* 214, *lie:
Hongrie* 751*, *mehaignie: felonnie* 815*, *assalie: liie* 1508*,
acouchie: mie 3045, *acouchie: vie* 3113.

Hier erscheint die Sprache des Dichters zwischen *iée*
und *ie* zu schwanken, und obwohl die Denkmäler in diesem
Punkte einen stark picardischen Charakter tragen, so kann
man doch nach dem Reime *oubliee: donee JBl.* 2929 nicht
leugnen, dass eine gewisse francische Färbung zu Tage tritt.

OI.

Der Diphthong *oi* beruht 1) auf vulg.-lat. *e* in geschlossener oder in offener Silbe; 2) auf *au* + *j* Element;
3) auf vulg.-lat. *o* + Palatal (diese drei *oi* assonieren mit
einander; Suchier, Einleitung, p. cxxxj); 4) auf *ǫ* und auf *o*
in Nasalposition: *doing: loing Man.* 523, *poing: loing* 727,
besoigne: aloigne 955, *doit (debet): droit* 1615, *cois: anchois*
1641*, *joie: blasmeroie* 1781, *soie: joie* 2309*, *joie: voie* 2479,
noisent: froissent 2773*, *boisse: froisse* 3329*, *vois: rois* 3917*,

8403*, *rois (rorem):cois* 7585*, *vaurroie:moie JBl.* 189,
poise:cortoise 607, *garrissoie:joie* 843, *point:doint* 865, *am-
bedoi:soi* 867, *envoise (invitia):noise* 3035, *crois (crucem):
rois Ave* 5, 5*. Betreffs *roïne JBl.* 2135 wurde bereits S. 14
erwähnt, dass das Vorhandensein des Diphthongs *oi* in diesem
Worte auf Anbildung an *roi* zurückzuführen ist.

Das Verbum *precare* erscheint als *proier JBl.* 3680,
proia 3768, *proiiés* 4944, *proi Man.* 129. Formen mit *i* treten
auch auf, wie: *pri(:ainsi) JBl.* 2730, *pria* 3703, *prie* 3725 etc.
Francische Urkunden weisen Doppelformen auf, es liegt also
kein Grund vor, hier Kontraktion des *oi* zu *i*, wie dies im
Picardischen geschieht, anzunehmen. Metzke spricht sich
übrigens gegen die Annahme dieser Kontraktion aus, indem
er vielmehr die Form *prier* aus *preier* (Assimilation des *e*
an *i*) ableitet.[1])
Ein zweites Zeitwort bietet dieselbe Eigentümlichkeit
wie *prier*, nämlich *otrier*. Auch dieses kommt bald mit *oi*,
bald mit *i* vor: *otroi:conroi JBl.* 2397, *otroie:voie* 4919,
joie:otroie 6068, *otroiier Man.* 2650, *ocie:detrie JBl.* 4190,
otrie Man. 2652.

In *bos (bois) JBl.* 3006 ist wahrscheinlich Vereinfachung
des Diphthongs eingetreten, da der Reim *rossignos:bos JBl.*
3018 gegen die Annahme eines *buscum* spricht.[2])
Jedenfalls ist, wie bereits S. 15 erwähnt wurde, die
Contraction *oi* zu *i* in unbetonter Silbe vor *s* ein picardischer Zug.[3])
Bemerkenswerth sind Formen wie: *paroil:chevoil JBl.*
251*, *apparoil:tooil* 5657*, im Innern des Verses *je paroil*
1718, *apparoil Man.* 2142*, *esvoille F. Larg.* 83*, die nur
sporadisch auftreten.

Mit dem Diphthong erscheinen *deboinaire JBl.* 1496,
deboinairement 1598, *deboinaireté* 1833, 4937, *boinement* 2435.

Derselbe Diphthong wechselt ebenfalls mit *ui* in einigen
Wörtern, die sonst immer *ui* aufweisen; es sind: *poissance*

---

[1]) Herrigs Archiv, LXV, 69.   [2]) Chev. as II espees, p. XI.   [3]) Aucassin et Nicolete, 3. Aufl., p. 67.

JBl. 1995, *anoient* 3041, *anoie* 3327, *apoiie* 3539, *apoia* 3633, *anoie (: joie) Man.* 2131.

UI.

Die Quellen dieses Diphthongs sind: 1) vulg.-lat. *ui* (class. *u* + nachton. *i*), 2) vulg.-lat. *u* + epenth. *i*, 3) vulg.-lat. *o* + epenth. *i*: *uit JBl.* 431, *puis (posco)* 731, *puis* 732, welches von einigen aus *postius* abgeleitet wird,[1]) für welches man aber auch ganz gut *postea* annehmen kann: *postea, postja, pueisse, puisse, puis(s),* in proklitischer Stellung wäre das *e* der Endung verstummt (vgl. *or* aus *hora*). Ferner *luist* 1811, *truis* 1832, *cuit* 3217, *ambedui* 4317.

Dass dieser Diphthong ein steigender war, zeigen die häufigen Schreibungen von *i* für *ui*, wie: *li: embeli Man.* 1277, *desservi* 1555, *joli* 2693, *celui: embati* 3403, *li: celui JBl.* 1002, *anuit: wit* 3815. Eine weitere Bestätigung dieser Annahme finden wir auch in *aniëus (: enviëus) JBl.* 416, in welchem *i* allein steht neben *anuieus* 1758.

Dass *ui* in gewissen Wörtern durch *oi* vertreten wird, haben wir soeben (S. 24) bei der Behandlung von *oi* hervorgehoben.

Picardisch ist der Diphthong in *fuisse(s) JBl.* 1121, 1254.

Vor dem Tone erscheint *ui* in *cluignié JBl.* 3648, *cluignant* 3678, im Gegensatz zum Neufranzösischen *cligner* (aus *clinare* nach Diez; cf. Gröber in Wölfflin's Arch. I, 547).

AU, IAU.

Au entsteht aus lat. *a* + *l* + Cons., z. B.: *assaut JBl.* 651, *autre* 920, *senescax* 1998, *fremax* 2028, *chevax* 2031, *cevaus Man.* 968, *haut* 1259, *assaut* 1447, *cax* 1485 etc.

Fälle, in welchen *l* statt *u* auftritt, sind ziemlich spärlich, und dies ist begreiflich, da dieser Konsonant gegen Ende des XII. Jahrhunderts bereits vokalisiert war.

---

[1]) Cf. Gröbers Zeitschr. XII, 198, XIV, 549; Rom. XIV, 574, XX, 333.

Aus folgenden Assonanzen bzw. Reimen: *autre:porte:torte: morte:fautre II. Fatr.* 4* entnehmen wir, dass die Vokalverbindung *au* ihren diphthongischen Wert bereits eingebüsst hat. (Suchier, Einleitung, p. cxxxiij.)

Ferner beruhen *au, iau (eau)* auf *el* + Konsonant und *il* + Konsonant in *biaus:damoisiaus Man.* 3049, *oisiaus: girfaus* 4073, *loiaus:vaissiaus* 5783, *noviaus:reviaus JBl.* 1041, *biaus:isniaus* 1131, *enviaus:aviaus* 1625, *consaus* 1763, *joiax:aniaus* 2027, *aus (illos), torsiaus* 2874, *chevax:gastiaus* 3014, *solaus:aus* 3545, *capiax* 3565, *hiaume* 4150.

Der Triphthong *iau* für *eau* ist nicht allein picardisch, sondern auch francisch. Metzke hat ihn vielfach in Denkmälern aus der Isle-de-France belegt; er bildete eine in der Sprache des Pariser Volkes vorkommende Eigenheit, die übrigens noch nicht völlig geschwunden ist, wie dies von Nisard für das moderne Pariser Patois konstatiert wurde.[1])

Erwähnt seien die für den Dichter gesicherten Formen: *solaus (:cax) Man.* 1486*, *paraus (:haus)* 2695*, *consaus (:senescaus)* 3532*, *solaus (:iaus)* 4778*, *solaus (:aus) JBl.* 3545. (Vgl. Suchier, Einleitung, p. cxxxiij).

Eine Vereinfachung des *iau* in *ia* (bzw. des *au* in *a*) vor dem Tone liegt vor in *loiatés JBl.* 1521, *mavès* 2281 und unter dem Tone in *roiames* 1120; dass diese Vereinfachung vom Dichter herrührt, wird uns durch den Reim *fame:roiame JBl.* 1122 bewiesen.

Paucum, welches einige Male als *poi Man.* 20 auftritt, erscheint auch als *pau JBl.* 2090, 5756, *Man.* 4076, 5046. *Aqua* ergibt *iauwe Man.* 2149, 7421, 7422, *JBl.* 2721, 2732, *yauwe Man.* 6783 (neben *ewe Man.* 736, *euve* 7473, *JBl.* 5900). Der Triphthong ist reduciert in *iawe Man.* 691.

Au steht für lat. -*ol* in folgenden Fällen: *vaut JBl.* 1093, *vaurrai* 1140, *vausissent* 1535, *vaurrent* 1805, *vaurroie* 1935, *vausist* 2123, *caupast* 4193 etc., also in betonter und in unbetonter Silbe. Das Vorhandensein dieser Formen berechtigt uns jedoch nicht, sie als weiteres Zeichen picardischer

---

[1]) Nisard, Étude sur le lang. popul. etc., p. 77.

Färbung anzusehen, weil dieselben in der Pariser Sprache auch bestanden haben. Das hinweisende Fürwort *(maus:) ciaus Man.* 4540 kann ebenfalls als picardisch oder als francisch angesehen werden.

Die picardische Form *faule (fabula)* ist für den Dichter gesichert im Reime *faule : espaule JBl.* 4481*. Da sonst im Reime überall die Schreibung *-able* durchgeführt ist, können wir kaum annehmen, dass Beaumanoir die Endung *-aule* allein kannte und dass der Schreiber es war, der die Endung *-able* einsetzte. Dies ist um so weniger annehmbar, wenn man bedenkt, dass letzterer ein Picarde war; deshalb hätte er eher Formen, wie *-aule* oder *-avle* in den Reim eingeführt; die Formen auf *-able* weisen auf östliche Gebiete hin. Übrigens findet sich im Innern des Verses die Form *tavle JBl.* 4608, 4666; dieselbe dürfte wohl nur vom Kopisten herrühren, wenn man mit Tobler und Horning annimmt, dass im Picardischen *-aule avle* lautete.[1])

EU, IEU, IU.

Eu beruht zuerst auf freiem betontem *o.* In Beaumanoir begegnet dieses *eu* aus *o* sehr häufig. Wie wir es bereits S. 16 erwähnten, rührt ebensowohl die Form *eu* wie die Form *ou* vom Dichter her.

Das Produkt des vulg.-lat. *ọ*, welches später mit dem des *o* zusammenfiel, ist in seiner ursprünglichen Gestalt *ue, oe* dargestellt.

Das Wort *deus* erscheint hier in drei Formen: 1) *Diex: iex JBl.* 3871, *Sal.* 52*, *Dieu Man.* 3847, *JBl.* 5334, *Diex: ciex Man.* 5155*, *Diex:chiex* 7579*; 2) mit undiphthongiertem *e*: *Dex:tex JBl.* 187*, *dex Man.* 2031, *Deus:deus (duos)* 3573*; 3) mit Vereinfachung des Triphthongs: *cix: Dix Man.* 5833*, *Dix JBl.* 1093*, *Diu* 1931, 1963, 2005. (Suchier, Einleitung, p. cxxxiv.)

---

[1]) Tobler, Li dis dou vrai aniel p. XXXI; Bartsch und Horning, La langue et la litt., p. 10.

Charakteristisch für den picardischen Dialekt ist, dass
iu und *ieu* oft in demselben Worte wechseln:[1]) *liue (leuca)*:
veüe Man. 2306, dieser Reim dürfte das *iu* sichern; *leu*:
lieu JBl. 4238*, *fix:perix Man.* 4558, *lieus:perieus* 5528*,
fieus:bontieus 5723*, *fix:bontius* 7307*, *lieus:feus* 7818*,
fix:bontix 8521*, *lieus:bontieus JBl.* 4431*, *lieue:antieue*
3483*, *aisieues:lieues* 5553*. Schwer ist es zu entscheiden,
ob die Form *lieu (locus)* dem Dichter bekannt war; man kann
es mit Wahrscheinlichkeit annehmen, weil dieses Wort im
Reime in keiner anderen Form erscheint: *Dondeu:lieu Man.*
2940*, *Dondieu:lieu* 8508*, *lieus:bontieus JBl.* 4431. Gegen
die Behauptung Suchiers, dass *leu* überhaupt nur in der
Bedeutung von *lupus* vorkommt (*leu JBl.* 422, *leu:lieu* 4237*),
ist mir die Form *leus JBl.* 1182 in der Bedeutung von *locus*
begegnet. Aber von diesem einzigen Falle, welcher vielleicht
auch von dem Schreiber herrührt, abgesehen, ist die Ent-
scheidung durch den Umstand erschwert, dass *lieu* mit
Wörtern auf *eu* reimt: *lieus:feus Man.* 7818, *lieus:jeus*
JBl. 1645, *lieu:leu (lupus)* 4238. Wahrscheinlich haben wir
es hier wieder mit einem Worte zu thun, welches in zwei verschiedenen Formen von Beaumanoir gebraucht wurde. Gesichert ist *feu* in *feus:lieu Man.* 7818*, eine ebenfalls gesicherte Nebenform finden wir in: *fu:issu Man.* 3671*, *fu:*
fu (fuit) 4237*, 7103*, *fu:falu* 4299*.

Bis auf ein einziges Mal (*ju:fu, focus I. Fatr.* 58) finden
wir im Reime allgemein die Form *jeu: jeu:Dieu Man.* 3847*,
Dondieu:jeu 3912*, *jeu:keu* 4375*, *lieus:jeus* 7974*, *JBl.*
1546*; im Innern des Verses dagegen öfters *ju Man.* 2395*,
2406*. (Vgl. Suchier, Einleitung, p. cxxxiij—cxxxiv).

Zu erwähnen ist, dass der Diphthong *iu* auf dem *u*
betont ist in *veüe:liue Man.* 2306*, *revenue:aiuwe* 3695*,
perdue:aiuwe 5607*, *salue:aiuwe JBl.* 4117* neben *cortoisie:*
aïe 3826*. (Vgl. Suchier, Einleitung, p. cxxxiv).

---

[1]) Tobler, Aniel, p. XXVI f.; Suchier, Ancassin, 3. Aufl., p. 67.

2. Konsonantismus.

L.

Wie es zu erwarten ist, hat sich in unseren Denkmälern
gedecktes *l* bereits vokalisiert, oder richtiger gesagt, einem
u Platz gemacht, und wenn wir in einigen Wörtern noch *l*
finden, so bedeutet es schon nicht mehr den Laut *l*. Also
autre JBl. 290, *coupable* 1079, *loiaus* 1221, *mout* 1794, *aube*
2614, *gaudine* 3724, *assaut Man.* 488, *cevaus* 968, *max:*
travax 1465.
In dem Worte *seus (solus) JBl.* 1735 ist nicht Vokalisierung, sondern Abfall des *l* anzunehmen.[1]) Neben diesen
Fällen, wo anstatt *l* uns *u* entgegentritt, finden wir eine
überaus grosse Anzahl von Wörtern, in welchen *l* erhalten
ist, dies aber, wie schon erwähnt, nur für das Auge: *loialté*
Man. 188, *colpera* 689, *colpee* 696, *senescals* 967, *malvais*
JBl. 511, *colpes* 600, *volsist* 2137, *volra* 3541, *sols (: fox)*
3668 etc. Übrigens sei noch erwähnt, dass dieselben Wörter
oft mit *u*, oft mit *l* auftreten.
Dass mouilliertes *l* vor Konsonant sich wie gewöhnliches
l verhält, zeigen deutlich die Reime *max : travax Man.* 1465
und *assaut* (von *assaillir) : haut JBl.* 651.
Erwähnenswert sind gewisse Wörter wegen des Abfalles
von *u* (= *l*) in dem Diphthong *au*. Dieser Übergang von
au resp. *iau* in *a, ia*, welcher der picardischen Mundart zu-
mal in jüngeren Denkmälern eigen ist,[2]) erscheint in unseren
Texten ziemlich häufig. Neben *roiaume JBl.* 5040 findet
sich öfters *roiame*, auch *Guillame : roiame* 5549. Die Reime
fame : roiame JBl. 112, *famme : roiame Man.* 224 erlauben
uns mit Gewissheit zu sagen, dass auch die Sprache des
Dichters keine rein francische war, sondern vom Picardischen
beeinflusst wurde, wie wir dies auch an anderen Stellen
bereits hervorgehoben haben.
Während im Normannischen und auch im Francischen

---

[1]) Cloetta, Rom. Forschungen. III, 93.   [2]) Suchier, Auc. et Nicolete,
3. Aufl., p. 65.

l, ĺ nach *i*, bevor die Vokalisierung zu *u* stattfand, vor *s*
abfallen, lässt die picardische Mundart in solchen Fällen *l*
zu *u* werden: *jentiex JBl.* 25, *fix* 58, *fiex* 67 etc., Formen,
die ebenso im Innern des Verses, wie im Reime auftreten.
Ob dieser Vorgang dem Dichter bekannt war, lässt sich
nicht erweisen, da sich nirgends ein dafür massgebender
Reim vorfindet.

Vor flexivischem *s* ist *l* stets abgefallen: *nus JBl.* 976,
as 1159, *mortes (: bendes)* 4455, *ques* 5601. Abfall ist weiter
zu konstatieren in folgenden Beispielen: *aviaus Man.* 2160,
6666, 8124, *cop JBl.* 1846, *rousignos (: bos)* 3037, *navie* 5234.
L ist für lat. *r* in dem bekannten Worte *palefroy JBl.*
2175, in *plevir* 2213, welches nach Diez von *praebere* ab-
zuleiten ist. (Vgl. jedoch G. P. in Rom. XIII, 133). Ferner
steht *l* für *r* in *pelles* 4735 und dann in *entrepaller* 3614,
eine Erscheinung, welche der heutigen Mundart der Normandie noch eigen ist.

Geminiertes *l* für *sl* in *mellee JBl.* 4075. Endlich beruht
l auf lat. *n* in *Bouloigne JBl.* 4516.

Mouilliertes *l* entsteht wie gewöhnlich aus *l + j +* Vokal
und aus Palatal *+ l*. Die Mouillierung wird in unseren
Texten auf verschiedene Arten ausgedrückt:

1) durch *ill* im Inlaut: *vermeille : merveille Man.* 744,
Cornouaille : faille 1945, *millor JBl.* 172, *aville* 234, *apparillies*
259, *esvillies* 1413;

2) durch *il* im Auslaut: *conseil Man.* 2011, *vermeil
JBl.* 293;

3) durch *ll*: *esvelle Man.* 2012, *mervelle* 2236, *esvelle*
3141, *esmervelle JBl.* 482, *conselle* 3399;

4) endlich durch einfaches *l*: *acuel Man.* 2931, *falir
JBl.* 739, *salir* 740, *voel* 941, *assalis* 4093.

R.

Die Umstellung von *r* mit Vokal, wie dies im picardischen Dialekte stattfindet, tritt ziemlich häufig auf; nur ist
sie inkonsequent durchgeführt, insofern ein und dasselbe Wort
öfters in den zwei Formen erscheint.

Umstellung ist in folgenden Beispielen zu konstatieren: *monterront Man.* 339, *liverrai* 918, *enfrume JBl.* 1102, *soufferrai* 1766, *estrelins* 1992 neben *esterlins* 5431, *fremax* 2028, *esprevier* 3307 und *espriviers* 2824 neben *espervier* 2824. Die Gemination entsteht aus Dental + *r*, oder sie ist bereits aus dem Lateinischen übernommen. Es ist kaum nötig, Beispiele anzuführen, in welchen Gemination sich findet; nur wollen wir darauf aufmerksam machen, dass das geminierte *r* seine ursprüngliche Länge bereits verloren oder zur Zeit der Abfassung unserer Texte viel davon eingebüsst hatte. Dies entnehmen wir Wörtern, welche bald mit *rr*, bald mit einfachem *r* auftreten, oder welche mit anderen reimen, die im Lateinischen einfaches *r* aufweisen: *tere : guerre Man.* 1129, *tere : conquerre* 2551, *tere : querre* 2805, *matere : querre* 2877, *terre JBl.* 45, *Engletere* 80.

Die Gemination, welche auf den soeben angeführten Gründen beruht, ist eine rein francische. In unseren Texten aber beruht sie noch auf einem anderen Umstande. Während das Francische einen Dental in die Gruppe *nr* einschiebt, kennt das Picardische diese Einschiebung nicht, vielmehr geht durch Assimilation die Gruppe *nr* oft in *rr* über, so in *couverra JBl.* 2601, *merroie* 2786, *verroient* 4634, *couverroit* 5414 etc. Das *r* fällt oft in dem Verbum *prendre* ab. Von den zahlreichen Fällen, wo dies vorkommt, seien angeführt: *penroient Man.* 338, *penrai* 1547, *penre* 797, *penrai JBl.* 2006, *penra* 2009, *apenra* 2010. Im Inlaute ist ferner *r* abgefallen in den folgenden Wörtern: *herbegier JBl.* 3469 und *herbegierent* 4550.

R steht für *s* in *derroy JBl.* 2128 durch Assimilation; in *tresors JBl.* 2277 ist das *r* lautgesetzlich, da die Form *thresaurus* für die ersten Jahrhunderte belegt worden ist. Eingeschoben ist es aber in *freteles JBl.* 4762, welches Diez aus *fistella* für *fistula* ableitet. Schliesslich *r* für *l* in *mar JBl.* 1230. Daneben seien noch erwähnt: *roussignos JBl.* 3037, in welchem anlautendes *l* durch Dissimilation zu *r* wurde, ferner *chartre JBl.* 5015, *Londres* 5276, in welchen sich *l* bzw. *n* in den Gruppen *tl*, *dn* lautgesetzlich zu *r* veränderten.

M, N.

Am unregelmässigsten verhalten sich die Nasale. Die Schreibung schwankt immer zwischen *m* und *n*. Im Auslaute — und dies besonders vor Labialen — wird gerne *m* eingesetzt, wie in *em prit* Man. 2381, *em porteroi* JBl. 2691, *em prie* 4910. Jedoch entbehrt die Schreibung in diesem Falle der Konsequenz, denn es finden sich auch Beispiele, in denen dies nicht durchgeführt worden ist, z. B. in *en part* JBl. 919, *en point* 1527. Im Inlaute vor Labial ist *m* häufiger: *membre* Man. 1707, *ensamble* 2281, *assamble* 2282, *remembre : chambre* 3397, *rompaignie* JBl. 31, *emprise* 658, *chambre* 921, *assamblé* 993, *complaindre* 1044, *samble* 1600, *trembler* 2755, *empli* 2873, *empasturé* 3579 neben *enbati* 1006, *tranblant* 2965, *anbedui* Man. 7583.

In den anderen Fällen wird lat. inlautendes *m* meist zu *n*: *non (nomen)* JBl. 1161, *andeus* 1736, *andui* 1815, *cans (campus)* Man. 2716 etc. Erwähnung verdient hier wieder *sire* JBl. 1645 etc., welches sich aus lat. *senior* entwickelte (siehe oben S. 12). Wie Meyer-Lübke richtig bemerkt,[1]) besass das lateinische Substantivum, als es vor Eigennamen gebraucht wurde, nur einen geringen syntaktischen Wert, und ging deshalb seines konsonantischen Elementes *n* verlustig. Auf diese Weise erlitt das Wort eine Reduktion, die selten ist und sonst nicht zu erwarten wäre. Es ist einem jeden bekannt, dass solche Wörter, die häufig als Anrede gebraucht werden, oft in einer derartigen Gestalt erscheinen, dass aus den Lautgesetzen niemals ihre Entstehung erklärt werden kann. Solche Wörter werden möglichst gekürzt (vgl. *cousin* aus *consobrinum*). Eine Bestätigung dieser Ansicht finden wir im heutigen *monsieur*, in welchem das *n* und das *r* nur für das Auge erhalten sind; dieses Wort ist nicht nur zweier konsonantischen Elemente verlustig gegangen, sondern es hat auch ein vokalisches Element in der echt volkstümlichen Form *m'sieu* eingebüsst.

---

[1]) Gramm. der rom. Sprachen, p. 520.

Die Gemination wird entweder durch *mm*, *nm* oder *nn*
ausgedrückt. Sie erscheint in *aimme (: claime*) *Man.* 2893,
Romme 5221. *plainne* 7423, *avenanment JBl.* 270, *aimme*
563. *omme* 1027. *femmes* 1102, *pruisomme* 1790, *sommier*
2035. *randonnent : sonnent* 5997. Dass diese Gemination völlig
bedeutungslos ist, entnehmen wir aus folgenden Beispielen:
semaines : paines JBl. 431, *paine : demaine* 761, *demainne :*
paine 635. *demainne : vilaine* 2583, *esperonnent : randonent*
4245, *done : abandonne* 6089.

In einigen Wörtern ist *n* bereits auf vulgärlat. Gebiet
abgefallen, nachdem es das vorangehende offene *o* geschlossen
hatte, wie in *convenance JBl.* 840, *monstrance* 1025; in
mestier 1100, *poise* 2206 (neben *pensee* 2208), *estrumens* 5849
und *maisnie* 6149 ist auch Abfall zu konstatieren.

Jedoch findet Ulbrich gerade in dem Umstande, dass *n*
dem ursprünglichen offenen *o* einen tieferen Stimmton mit-
teilte, während es selbst verschwand, einen Grad von Vokalisierung.[1]) Dieser Prozess beruht auf der Verwandtschaft,
welche zwischen *n* und *u* besteht, welche Verwandtschaft
gewisse Doppelformen, wie *moutepliier JBl.* 6162 und *monte-*
pliier F. Larg. 397 erklärt.

Erwähnung verdient hier das Wort *erroment JBl.* 640
(auch sonst *erraument* geschrieben), das ebenfalls als *erran-*
ment 4449 erscheint und in welchem Ulbrich eine neue Bestätigung seiner Ansicht findet. Freilich lässt sich *errau-*
ment den von Ulbrich aufgezählten Beispielen leicht anreihen,
allein es kann nicht in Abrede gestellt werden, dass unter
allen Wörtern gerade die Adverbien vielleicht am leichtesten
einander beeinflussen, so dass *erraument* höchst wahrscheinlich nur eine Anbildung an irgend eine Form in *aument*
(beispielsweise *communaument*) ist, während in *erranment*
-*antem* zu Grunde liegt.

Gerade wie bei *l* ist auch die Mouillierung von *n* ver-
schiedenartig dargestellt. Im Inlaute ist *ñ* ausgedrückt durch
ign, *iugn*, *ngn*. *gn*, *n*: *Bouloigne JBl.* 107, *poignent : aloignent*

---

[1]) Ulbrich, in Gröbers Zeitschr. 1878, II, 546 f.

349, *compaignie* 547, *vaigne* 585, *acompaignier* 2148, *rc-maigne Man.* 450, *desdaigne* 634, *gaaigne* 1484, *lingnage JBl.* 1134, *soingneuse* 2860; *besogna* 2126, *plaingne Man.* 1484, *viengne* 1830, *malineus JBl.* 278, *senefies* 3309; im Auslaut durch *ing*: *saing:gaaing JBl.* 501, *desdaing* 774, *besoing* 1307, *vieng* 1657.

Übergang von *m* zu *n* findet sich in dem Worte *nape JBl.* 1351 (= *mappa*). Ferner ist Einschiebung von *n* in folgenden Fällen zu konstatieren: *rendi JBl.* 1277, *ensement* 2069, *ensi* 3248, *paringans* 4831 neben *parigal Man.* 4136, *roncins JBl.* 5468.

Von der Einschiebung von *d* in den bekannten Gruppen *nr*, *lr* wird weiter unten die Rede sein.

D, T.

Im Francischen und im Normannischen sind die Gruppen *nr*, *lr* unbeliebt: zur Erleichterung der Aussprache wird daher regelmässig zwischen *n* und *r*, sowie zwischen *l* und *r* ein *d* eingeschoben. Im Picardischen dagegen ist dieser Vorgang gänzlich unbekannt; unsere Denkmäler weisen nur eine verhältnissmässig spärliche Anzahl von Fällen auf, wo *d* eingeschoben ist. Die Formen, wo *d* nicht eingeschoben wird, sind dafür um so zahlreicher, und wie es bei *r* (S. 31) erwähnt wurde, findet auch da Gemination *(dr = rr)* statt. Picardisch sind also: *volra JBl.* 94, *tenre* 313, *revenrai* 1391, *revenra:tenra Man.* 3164 und alle Futur- und Conditionalendungen von *mener*; ferner *menres Man.* 5781, *revenront* 256, *penrai* 1548; die Substantiva *venredi JBl.* 5556, *genre* 5781. Mit *d*: *prendre:tendre Man.* 1638, *prendrai* 1639 etc.

Bekanntlich fällt intervokalisches *d* ab. Die Fälle, welche hier einen Dental zwischen Vokalen aufweisen, sind dadurch zu erklären, dass dieses *d* im Lateinischen durch einen Konsonanten geschützt war, wie z. B. in *reter JBl.* 524, *malade* 1279, einer echt francischen Form, in welcher genau wie in *tiede* (siehe S. 11) der Dental den Labial zum Schwinden

brachte,[1]) im Gegensatze zur östlichen Form *malev*, wo umgekehrt der Dental dem Labial Platz machte. Es muss
nebenbei bemerkt werden, dass im Francischen die durch
Synkope entstandene Konsonantengruppe sich vereinfachte,
noch bevor das *a* in *e* überging, während in östlichen Dialekten die Reduktion älter als der Übergang des *a* in *e* ist.
Bei der Betrachtung des *t* im Auslaut fällt zunächst
auf, dass sich in der 3. Person Sing. von *avoir* kein *t* mehr
vorfindet, wie dies durch den Reim *a : la (illac) JBl.* 3092
bewiesen wird; es hat daher auch die 3. Person Singularis
des Futurums kein *t*. Dasselbe gilt für das Perfektum der
Verba auf *-er*: *apela : la (illac) JBl.* 977.

Was die Endung *-atus* betrifft, so sind wir berechtigt,
die Fortlassung des *t* dem Verfasser zuzuschreiben: *gié :
touchié JBl.* 796, *gié : congié* 2776, *mengié : rengié Man.* 313,
gié : congié 448, *conté : montré* 789, neben *entailliet : soutilliet
Man.* 167. Die *é*-Endungen sind im Reim sehr zahlreich
vertreten und fast immer ohne Einmischung von *-et*-Formen.
Dieser Vorgang ist rein francisch und gehört der Sprache
des Dichters an; in den nördlichen Dialekten bleibt dagegen
das *t* in der Partizipialendung länger erhalten. Der Kopist
hat die *-et*-Endungen hier und da in das Versinnere eingesetzt; also neben *congié* finden wir *congiet JBl.* 2030,
trenchiet 4188, *envoiiet* 5120 nebst anderen Fällen, die anzuführen kaum nötig ist. Dieser Umstand spricht für die
schon geäusserte Ansicht, dass der Schreiber ein Picarde war.

Erhaltung des *t* in den Partizipialendungen der Verba,
welche im Lateinischen auf *-itum* und *-utum* ausgehen, ist,
wie wir es gelegentlich der Besprechung von *-atum* hätten
erwähnen können, ebenfalls nordöstlich, und der Abfall des-
selben Dentals gehört auch dem francischen Dialekte an:
(mardi :) garni JBl. 164, *(anemi :) garni* 4252, *(aussi :) despali*
4460, *escari (: lui)* 4925, *(ensi :) departi Man.* 375, *ensi : desservi* 1004, *(onni :) vi* 1589, *entendu JBl.* 127, *abatu* 1095,

---

[1]) Cf. Zeitschr. für roman. Phil. XV, 495 f.; Körting, Lat.-roman.
Wörterbuch, p. 467.

(cu:) deçeü 2554, *venu: (veü)* 2627, *tenu: avenu* 2767, *venu: tenu Man.* 3174.

Das auslautende *t* ist im Perfectum oft vernachlässigt: *entendi JBl.* 436, *abati* 1005, *enbati* 1006, *atendi: espandi* 1427, *tendi: saisi Man* 3327, *entendi: fendi* 3649. Dieser Umstand zeigt, dass auslautendes *t* von dem Dichter kaum mehr gesprochen wurde, wie dies durch den Reim *entendi: autressi JBl.* 479 als gesichert erscheint. In den anderen Konjugationen ist dagegen der Dental immer erhalten: *rechut: crut JBl.* 181, *seut: deut* 459, *eut: pleut* 1359, *seut: eut* 1691. Das auslautende *t* fällt vor dem flexivischen *s* ab in *mos (: clos) JBl.* 619, *cens* 1796 etc.

Wir finden auch häufig die picardische Eigentümlichkeit,[1]) dass das *t* des Auslautes durch *ch* in der ersten Pers. Sg. des Präs. ersetzt ist: *mech Man.* 466*, *cuich* 1269*, *JBl.* 2952, *sench JBl.* 605, *entench* 3961*, *douch* 3797*, *demanch* 4010, *acorch Sal.* 371*, 372* etc. (vgl. unten S. 37).

D steht für *t* in *garandir JBl.* 2679; *c* vertritt bekanntlich *t* in dem Verbum *criembre* resp. *cremir Man.* 1928, 5971, *crient JBl.* 1661, *criement* 1559. Umstellung fand in *estincele Man.* 412 statt; ferner ist der Dental eingeschoben in *Dantmartin JBl.* 65 etc., *dourdelle* 518 (nach Diez) und schliesslich in dem Nexus *sr* in *estre* 3058.

S, Z.

Die zahlreichen Beispiele, in denen *s* vor Konsonanten nicht mehr geschrieben wird, berechtigen zu dem Schlusse, dass *s* nicht mehr ausgesprochen wurde. Es ist überhaupt nicht anders zu erwarten, da die Verstummung von *s* vor Konsonanten bereits im XII. Jahrhundert begonnen hatte,[2]) ja, vielleicht schon beendet war.[3]) Nur ist die Ansicht Försters, welcher diese Verstummung als nicht allgemein gelten lässt, vielleicht etwas zu gewagt, denn als Ausnahmen

---

[1]) Suchier, Auc. et Nic., 3. Aufl., p. 69. [2]) Förster, Chevalier as II espees, p. LI—LII. [3]) Gröbers Zeitschr. XIV, p. 269.

zur Regel der Verstummung führt er Wörter wie *espérer*, *esprit* etc. an, welche man aber als gelehrte Bildungen ansehen könnte. Wie dem auch sein mag, jedenfalls konstatieren wir, dass in unseren Denkmälern dieselben Formen bald mit, bald ohne *s* auftreten. Entschieden massgebend für die Verstummung dieses *s* sind folgende Reime: *dit(:respit) JBl.* 769, *(dame:) blame* 1518, *(nuit, noctem:) luist* 1811, *(vit:) rist* 3875, *(mesfet:) est Man.* 1560.

In den altfranzösischen Mundarten werden $t(d) + s$ zu *z*, im Picardischen aber ist *z* unbekannt,[1]) und da unsere Texte bis auf ein einziges Wort, das nichts weniger als massgebend ist, von *z* keine Spur zeigen, so erblicken wir auch hierin einen Beweis für den picardischen Einfluss auf die Sprache Beaumanoirs. Von dem Kopisten wollen wir selbstverständlich absehen, denn dass derselbe kein *z* kannte, geht aus dem über seine Abstammung bereits Gesagten von selbst hervor. Demnach sind die Produkte von *pectus* und *pejus* identisch, und dies trifft beim Vers 347 in *JBl.* zu, wo beide Wörter mit einander reimen. Die Ausnahme, von welcher wir soeben sprachen, ist das Wort *eglize*, welches in *JBl.* mit *z* für *s* auftritt und mit Endungen auf -*ise* reimt so: *eglize:mise JBl.* 5913, *eglize:servise* 5960, *eglize: guise* 6155. Diese Ausnahme hat aber gar keine Bedeutung.

Abfall des *s* ist zu konstatieren in der ersten Person Pluralis: *fuisson:douterion JBl.* 3523, *tenron:seron* 5390, *traïson:diron Man.* 2372, *compaignon:tarjon* 2984, *faison: non* 3008, *avon:savon* 5095, *non:apeleron* 5196; sonst überwiegen die Formen mit *s*.

Ferner ist *s* noch in folgenden Wörtern abgefallen: *(s'en:) sen (sensus) Man.* 10, *(voi:) troi* 4798, *troi(:otroi)* 4831.

Wie S. 48 erwähnt, lässt das Picardische die 1. Person Präs. und Perfekt. gern auf *c* ausgehen. Nach Suchier[2]) ist dieser Vorgang nur in *fac* ursprünglich, in den anderen

---

[1]) Suchier, Aucassin, p. 64. [2]) Aucassin, p. 69.

Fällen dagegen ist nur Analogie im Spiele. Also neben Formen mit auslautendem *s* wie *fas:pas JBl.* 43 finden wir auch *sench JBl.* 605, *fach:hach* 4339. *S* steht endlich für *r* in *esrer JBl.* 4506, in *abosmee* 1201, 2042 hat Einschiebung von *s* stattgefunden.

C.

Im Picardischen verhält sich das *c* anders als in den übrigen Dialekten Frankreichs.[1]) Während es in der francischen Mundart nur vor *o* und *u* die velare Aussprache behielt, vor ursprünglichem lat. *a* zu Zischlaut und vor *e, i* zu *ts* wurde, nahm es im Picardischen auch vor *a* die velare Aussprache an, abgesehen davon, dass dieselbe vor *o* und *u* ebenfalls wie im Francischen bestand; ferner wurde *c* vor *e* und *i* im Picardischen zum Zischlaut.

Letzterer Vorgang ist um so interessanter und auffälliger, wenn man sieht, dass er auch in anderen romanischen Idiomen auftritt, welche sich weit von der Picardie entwickelten, wie das Italienische, das Rumänische und gewisse friaulische Dialekte. Übrigens beschränkt er sich nicht nur auf das Picardische, sondern zeigt sich auch in vielen Theilen des normannischen Gebietes, wo das alte Verhältnis bis heutzutage noch erhalten geblieben ist.[2])

Nur ist die Schreibung ohne Konsequenz durchgeführt, ja es sind sogar beide *ch*, das francische und das picardische, durch den Reim gebunden: *norices:riches Man.* 4861*, *Escoche:coche* 4593*, 8083, *diëmence:contenance* 7775*, *douce: atouce Sal.* 19*, *fleche:treche* 162*. Gesichert ist das francische durch *touce:reproche JBl.* 1167*, das picardische durch *hace:place* 4071*. (Vgl. Suchier, Einleitung, S. cxxxviij.) Beispiele für die schwankende Schreibung von *c* vor *a* lassen sich leicht finden:

1) Mit erhaltenem *c*: *caitif JBl.* 30, *cambre* 624, *caudel* 636, *capel* 862, *cangier* 1484, *cange* 1601, *caoient* 1825,

---

[1]) Vgl. darüber Beetz, *c* und *ch* vor lat. *a* (cf. G. P. in Rom. XVI, 580f.). Darmstadt 1887. [2]) Joret, Caractère et extension du patois normand, p. 132.

cans 2991, *castel* 5290, *cauchons* 5460, *senescals Man.* 967, *coisir* 1197, *caitive* 1209, *cax* 1485, *cangiés* 1663.

2) Mit *ch*: *chaut (calidus) JBl.* 662, *chace* 1037, *chaitis* 2555, *chascuns* 3732. *manechant* 3796, *char (carnem)* 5052, *chastel* 5130 etc.

Ebenso herrscht vor *e* resp. *ie* aus lat. *a* dasselbe Schwanken wie vor ursprünglichem *a*: *trenchier JBl.* 490, *trencier* 818, *chevauca* 2462, *chevaliers* 2471, *ceval* 2675, *cheval* 2735, *cherkier* 3172, *acouchie Man.* 3045, *couchier* 3138, *chiere* 3861, *cief* 4049, *ciere* 4060, *coucié* 4428.

Der Kopist drückt auch gern das *ch* durch *k* aus: *cherkier JBl.* 3172, *cerkie* 3183 etc. Man kann annehmen, dass er diese Schreibung gebrauchte, um die velare Aussprache von *c* vor *e (ie)* darzustellen. Diese Annahme steht im Widerspruch mit der Ansicht Toblers, welcher meint,[1]) dass picardisches *c (ch)* vor *e* (*e* mag aus *a* entstanden sein) „palatale Aussprache gehabt habe".

Der Zischlaut *ch* geht auf lat. *c* vor *e* und *i* und *tj* + Vokal zurück. Derselbe wird hier wieder durch *ch* oder durch einfaches *c* ausgedrückt: *perece Man.* 2468 (neben der oft erscheinenden Form *pereche*), *Escoche* 2633, *nacele* 4842, *preceuse JBl.* 5, *richece* 13, *rikece* 2275, *chi* 2823, *rachine* 3530, *mercia* 5929 etc. Vor flexivischem *s* fällt *c* ab: *blans JBl.* 319, *flans* 345 etc.

G.

Dieser Palatal ist entweder aus lat. *g* oder aus germanischem *w* entstanden und durch *g* oder *gu* ausgedrückt. Zu den unter den Labialen (S. 41) aufgeführten Beispielen seien hier noch hinzugefügt: *garnisons Man.* 254, *garnimens* 3078, *esgarder JBl.* 306, *Gautier* 2641, *guerpira* 3414, *guerredon* 3594, *garnement* 5614, *garant C. d'A.* 8,6, 34,11, in welchen dem *g* ein germanisches *w* zu Grunde liegt.

In vielen Fällen ist das erhaltene *g*, welches in den anderen Mundarten zu *j* wurde, picardisch, wie in *(morgant?)*

---

[1]) **Aniel, p. XXI.**

argant Man. 2222, *gardin JBl.* 2989, *mengons* 3339, *bour-*
goise 5653.

Die velare Aussprache des *g* ist auch oft durch *g* allein
dargestellt, so in *longes JBl.* 3394 (für *longues*). Schliesslich ist auslautendes *c* aus *g* entstandeu: *lonc JBl.* 2055,
hauberc 3995. Abgefallen ist es in *lon JBl.* 2454.

Q.

Dieser Konsonant geht auf lat. *q (qu)* zurück in: *aquerre*
JBl. 12, *requoy* 983, *onques* 1070, *quoi* 1490, *requier* 2344,
dusques 2876, *quar* 3737, *qui Man.* 970, *quant* 993, *quart*
2939 etc.

Daneben findet sich die graphische Darstellung durch *c* in
coi JBl. 984, *c'une* 1101, *car (carnem)* 1182, *cotidiaine* 3653;
in *kerront Man.* 6435 entspricht das *k* auch einem lat. *qu,*
ferner in: *ki JBl.* 3, *dusk'a* 57, *k'il* 63, *cokès* 2226.

Das *q* beruht auf lat. *c* in folgenden Fällen: *quens JBl.*
197, *quidoie* 1061, *quidast* 1451, *queurent* 1589, *esquiers* 1654,
bosquages 3009, *requelli* 6139.

Labiale (*B, P, F, V*).

Von *v* ist zu erwähnen, dass es in den Futur- und
Konditionalformen von *avoir* und *savoir* oft weggelassen wird,
z. B.: *arai JBl.* 526, *arés* 1679, *arions* 4234*, *ara* 5188,
aront 5569, *ariés Man.* 2558*, 4935*, *sarés* 1212, *sariés*
JBl. 3342*, *saroie* 4838, *saront* 5570* etc.

Dass wir es in *faule (: espaule) JBl.* 4481 mit keinem *v,*
sondern mit einem *u* zu thun haben, wurde bereits (S. 27)
erwähnt.

Im Anlaut bleibt der Labial derselbe wie im Lateinischen, die einzige Ausnahme, welche sich in unseren Texten
vorfindet, ist *fois JBl.* 1529; hier geht das anlautende *f*
bekanntlich auf lat. *v* zurück.

Der Labial fällt vor flexivischem *s* ab: *dras JBl.* 2290.

Die Form *teve (tepidus) JBl.* 4451 · wurde bereits besprochen (siehe oben S. 11 f.). Erwähnenswerth ist noch
tume (: coustume) JBl. 428, im Gegensatze zu den Formen
tumber, tomber.

Der Kopist schreibt oft *w* für *vu: wide TBl.* 1058,
widoit 2853 neben *(cuit:) vuit* 3218; sonst ist das ursprüngliche germanische *w* zu *g (gu)* geworden: *guerpira JBl.* 3414
(für welches Diez *wërfan* als Etymologie annimmt), *gaudine*
3529, *gaut* 3549, *gueres* 5339, *guise* 6156 etc.

Ähnlich wie bei den Gruppen *nr*, *lr*, wo Einschiebung
des *d* nicht immer stattfand, finden wir *ml (nl)*, *mr* bald mit
bald ohne *b*:[1]) *chambre JBl.* 621, *remembrant* 880, *nombre*
5617, *sanlant Man.* 139, *assanler* 204 neben *assembla* 617,
trambla 1877, *remembre : chambre* 3377 etc.

H.

Bei Wörtern lateinischen Ursprungs bleibt dieser Konsonant im Anlaut manchmal erhalten, manchmal schwindet er.

Abgefallen ist anlautendes *h* in *d'eure JBl.* 201, *alaine*
1260, *ostel* 1487, *ommage* 2119. Daneben finden wir eine
Anzahl von Fällen, wo *h* geschrieben wurde: *hostel JBl.* 9,
heure 26, *honnour* 46 etc.

Aspiriert ist es in Wörtern deutscher Herkunft: *hontoie
Man.* 1874, *hiraut* 2711, *haite JBl.* 225, *hart* 558, *haste* 1531,
honnie 1733, *hastiers* 4615.

Um den Hiatus zu tilgen, bleibt *h* erhalten oder wird
eingeschoben: *Jehans JBl.* 67, *jehirés* 756, *esbahis* 1722, *de-
hors* 1907. In dem Worte *huevre JBl.* 873 ist *h* nur eine
falsche Schreibung.

---

[1]) Vgl. weiter unten p. 51 Anm.

II. Formenlehre.

I. Deklination.

1. Substantiva.

a) Maskulina.

a) Gleichsilbige Substantiva.

Die gleichsilbigen Substantiva mit ursprünglichem *s* (lat. II., III. und IV. Deklination) erscheinen im Nom. Sing. und Acc. Plur. meistens mit *s*.

Nom. Sing.: *sens Man.* 76, *cartriers* 949, *vallès JBl.* 1648, *lis (lectus) JBl.* 1151.

Auch der als Substantiv gebrauchte Infinitiv erhält das flexivische *s*: *mengiers JBl.* 449, *dormirs Man.* 1526.

Accus. Sing.: *Fil Man.* 306, *roy* 1251, *varlet JBl.* 101, *escuier* 195.

Nom. Plural.: *li prelat Man.* 325, *li clerc* 336.

Accus. Plural.: *dois JBl.* 486 etc.

Im Gegensatze zu diesen Beispielen kommen Fälle vor, in welchen *s* ohne Berechtigung erscheint, und umgekehrt ist das *s* unterdrückt, wo man es erwarten würde.

Für den Nom. Sing. ist Auslassung des *s* gesichert in *sen (: en) Man.* 10, ferner wurde es auch in *evesque Man.* 296 weggelassen. Im letztgenannten Substantiv ist die Unterdrückung des *s* durch das Metrum nicht gefordert, noch wäre sie im Versinnern vor Vokal gerade notwendig, da der Dichter ja statt *evesques* leicht die häufig gebrauchte Form *vesques* hätte einsetzen können.

Neben regelmässigen Formen ohne *s* zeigen einige Wörter das *s* im Nom. Sing. Dies geschah durch Assimilation bei den Neutris der II. lateinischen Deklination und bei Substantiven, welche der III. angehörten: *li roialmes Man.* 134, *mariages* 329, *peres* 389, *damages* 406.

β) Ungleichsilbige Substantiva und Substantiva mit Accentversetzung (III. lat. Dekl.)

1) Mit ursprünglichem *s*.

Nom. Sing.: *li quens JBl.* 1430.
Accus. Sing.: *li conte JBl.* 1643.

2) Ohne ursprüngliches *s*.

Mit grosser Regelmässigkeit tritt uns *home* ohne *s* entgegen in Nom. Sing.
Accus. Sing.: *cuer JBl.* 527, *omme* 1027, *signeur* 2331.
Nom. Plur.: *li baron Man.* 775.
Durch unberechtigte Assimilation an die Substantiva der II. Deklination wurde dem Nom. Sing. der Wörter, welche aus der III. Deklination herrühren, manchmal ein flexivisches *s* angehängt: *ses cuers JBl.* 1272, *li nons* 1516, *fains* 3196, endlich *poissons Man.* 733, welches wohl keine Form hat, die dem lateinischen Nominativ entspräche, aber ebenso wie *lyons JBl.* 4229 hierher gehört. Der Vokativ gleicht dem Nominativ: *amis JBl.* 153, doch sei dazu bemerkt, dass er nicht das *s* annimmt, welches dem Nominativ oft in Folge von Assimilation angehängt wird, also immer *sire JBl.* 1645, 5791 etc., neben *signeur* 3854, 3887.

b) Feminina.

a) Gleichsilbige Substantiva.

1) Vokalisch auslautende: Diese Substantiva deklinieren regelrecht: die zwei Fälle des Singulars erscheinen ohne *s* und die Mehrzahl ebensowohl im Nom. als im Akk. mit *s*.

2) **Konsonantisch auslautende:** Dieselben nehmen oft das flexivische *s* an, z. B.:

Nom. Sing.: *odeur JBl.* 313, *amours* 421, *garison* 845, *Pitiés* 999, *Raisons* 1015, *achoisons* 1076, *amor* 1550, *riens Man.* 122.

Acc. Sing.: *clef JBl.* 614, *amour* 1090.

Acc. Plur.: *dolors JBl.* 716, *raisons* 1020, *clamours* 1030.

β) **Ungleichsilbige Substantiva.**

Hierzu sei nur Acc. Plur. *sereurs JBl.* 1673, *serours* 4667 erwähnt, ein Wort, welches einmal auch im Acc. Plur. als *suers JBl.* 4585 erscheint:

Ne d'esploitier ne se retint
Devant qu'il trova les deux suers.

2) **Adjektiva.**

Die Deklination des Adjektivums richtet sich in jeder Hinsicht nach der des Substantivums, demnach ist sie entweder männlich oder weiblich; ebenso kann hier das flexivische *s* in Fällen erscheinen, wo es keine etymologische Berechtigung hat.

Bekanntlich haben jene Adjektiva eine doppelte Form für beide Geschlechter, die im Lateinischen auf *-us*, *-a* zurückgehen. Einige Adjektiva, welche im Lateinischen zwei Endungen haben, weisen in den ältesten Denkmälern eine besondere Form für das Femininum auf, im Gegensatz zu den anderen, die im Femininum die Form des Maskulinums haben; es sind dies in unseren Texten: *cortoise JBl.* 608, *dolantes* 1108, *gente Man.* 189, *douce* 710, *fole F. Larg.* 1. Wie lassen sich diese Formen erklären, welche ursprünglich (d. h. lange Zeit bevor die Angleichung an die Adjektiva auf *-us*, *-a* stattfand) vereinzelt dastanden?

Grant, welches im Alexis einmal als *grande* erscheint, wird von Beaumanoir überall mit grosser Regelmässigkeit unter der Form des Maskulinums auch für das Femininum angewandt (*JBl.* 771, 1283 etc.).

Dieses Adjektivum und diejenigen, welche sonst im Lateinischen auch zwei Endungen haben, sind, bis auf die
soeben angeführten Ausnahmen, in den Texten mit dem
etymologisch begründeten *s* versehen, im Nom. Sing. Fem.:
.... *ce fut grans courtoisie JBl.* 1098. *Tel* ist die ge-
wöhnliche Form für das Femininum; diese Form ist durch
Metrum gesichert: *Li hom qui demeure en tel vie JBl.* 32,
En tel paine fut cinc semaines 693. Dass der Dichter
zwischen *tel* und *tele* schwankte, zeigen aber auch Verse, in
welchen das *e* von *tele* durch Silbenzählung gefordert wird:
En tele balance est Jehans JBl. 587, neben *En tel souslas et
en tel joie* 5857. Ohne *e* erscheint auch *quel: Entendés bien
en quel maniere JBl.* 6187.

Die Steigerung wird durch *plus* gebildet. Daneben finden
sich aber auch noch folgende organische Komparativformen:
grigneur JBl. 314, 976, 2332 etc., *pis* 348, *meneur* 1398,
miendres 4200, ferner *pluisor Man.* 2727 im Sing., was sonst
selten vorkommt. [1])

3) Artikel.

Derselbe erscheint noch als *li* in den zwei Nominativen:
li monstre Man. 489, *li rois* 496, *li senescauls* 959 etc., und
wird vor Vokalen nicht apostrophiert: *li autre Man.* 259.

Masculinum.

Sing.: Nom. *li Man.* 121,
Acc. *le* 255;
Plural.: Nom. *li* 174,
Acc. *les* 204.

Femininum.

Sing.: Nom. *la Man.* 383, *le* 1529 etc.
Acc. *la* 309, *le* 506, *JBl.* 1157;
Plural.: Nom. *les Man.* 404,
Acc. *les* 405.

---

[1]) z. B. in P. Meyers Recueil d'anciens textes, p. 325, und in
Försters Ausg. d. Dial. Grég., p. 258.

Der Nominativ Sing. Fem. wird vor Vokalen zu *l'*. Die Form *le* für *la* ist in dem Texte ziemlich häufig. Nach Präpositionen erleidet das männliche *le* vor konsonantischem Anlaut folgende Veränderungen:

a le wird (*al*), *au Man.* 210,

de le wird *del JBl.* 1543, *du Man.* 198,

en le wird *el JBl.* 23, *ou* 1010, *u* 2156,

a les wird *as* 1159,

de les wird *des Man.* 198,

en les wird *es JBl.* 393.

Die Form *ou* (und ebenso *dou*), welche einigemal vorkommt, darf nicht als den östlichen Dialekten allein angehörend betrachtet werden, sie ist auch francisch.

4) Pronomina.

Die I. Person des Personalpronom. lautet *je JBl.* 156, *ge* 337, *jou* 884, 2274; daneben findet sich *gié*, welches nur im Reim vorkommt (*JBl.* 795, 2775, *Man.* 447, 4825), und welches mit *congié* oder *touchié* reimt.

Neben der betonten Form *moi*, welche hier und da vorkommt und die übrigens durch *moi : doi JBl.* 211 gesichert ist, finden wir sehr häufig *mi*. Dass letztere Form auch dem Dichter angehörte, zeigt der Reim *mi : desservi C. d'A.* 17,12*. *Moi* ist eine francische Form, *mi* eine picardische, hier finden wir wiederum einen Beweis dafür, dass Beaumanoir oft beide dialektischen Formen kannte.

Es sei überhaupt bemerkt, dass die Fürwörter eine ziemlich stark picardische Färbung tragen. Dies lässt sich durch den Umstand erklären, dass solche meist einsilbige Wörter, die ohnehin leicht zu verändern sind, ohne dass die Zahl der Silben dabei berührt wird, vom picardischen Kopisten leicht eingesetzt werden konnten, denn mit Sicherheit zu bestimmen, ob alle picardischen Formen von Beaumanoir herrühren, ist schwer möglich.

Das betonte reflexivische Pronomen *soi* wird vielfach vom Dichter angewendet; gesichert ist es in folgenden Fällen: *roi : soi JBl.* 168, *foi : soi Man.* 946, *soi : tournoy* 2527.

Vor einem Infinitiv wird *li* als Akkusativ für das Femininum manchmal gebraucht, z. B. in folgendem Verse:

Et de li bien servir li prie *JBl.* 232,

wo das erste *li* ein Acc. Sing. Fem. vertritt, während das zweite ein Acc. Sing. Masc. ist. Dasselbe *li* steht auch für einen Dativ Masc. oder Fem. in *JBl.* 1516, 1757, 2230 etc. Als betonte Form für das Maskulinum wird *lui JBl.* 2189 angewendet.

Abgekürzt wird das Pronomen *ele*, wie man es aus dem Metrum entnimmt:

Par quoi· el veut l'alongement JBl. 2347,
Quant je cuich qu'el me mente 2585,

im Vergleich zu anderen Fällen, in welchen das *e* erhalten ist, wie in:

Quant elle fait de liés dolans Man. 84,
Mais s'ele puet estre trouvee 235,

während *cele, icele* nie abgekürzt werden:

Je suis cele qui vous a mis JBl. 1046.

Das unbetonte Pron. poss. erscheint häufig in der picardischen Form:

pour vo bien JBl. 758,
en vo sens 890,
vo homme Man. 366.

Als Akkusativ des Pron. poss. finden wir oft die picardischen Formen *men, ten, sen* (*JBl.* 847, 1014, 1048, 1183 etc.) neben den sonst auch vorkommenden francischen *mon, ton, son.* Der Nom. Plur. lautet *ses JBl.* 1042 und *si* 1964, 2066, 4692 etc.

Indeclinabel sind *lor Man.* 225 (*lour*) oder *leur* 742.

Die betonten Formen sind *moie, toie, soie: vaurroie:la moie JBl.* 190, *la moie:morroie* 1071. Es können diese betonten Formen mit einem Artikel die unbetonten vertreten: *une soie fille Man.* 851, *la soie amours C. d'A.* 36,8.

Dasselbe Pronomen tritt auch bereits in der heutigen Gestalt auf: *sien:bien JBl.* 23, *siens:biens* 1463.

Es sei noch erwähnt, dass ein Fürwort mit einem anderen Fürworte, mit einer Präposition oder einer Negation combiniert werden kann: *nes (ne les)* JBl. 2358, *jel (je le)* 2652, *nel (ne le)* 3403, *ses (si les)* 3632.

II. Konjugation.

1. Präsens Indikativ. Die I. Person Sing. erscheint manchmal ohne, manchmal mit *e*:

1) Ohne *e*: *jur (: asseür) Man.* 127*, *acort (: tort)* 1213*, *cuit (: nuit)* 1537*, *pens* 605*, *refus (: tenus)* 1975*, *main (: main subst.)* 1994*, *devis (: acomplis)* 2345*, *aport (: port subst.)* 3521*, *devis (: espris)* 2345* etc., *pri (: di)* JBl. 219, *(vermeil :) resmerveil* 294*, *(devant :) vant* 334*, *parol (: fol)* 1533*, *(ainsi :) pri* 2370*, *(falir :) desir* 2924*, *(bout :) dout* 3980*, *pens (: grans)* C. d'A. 11,12, *aim (: levain)* F. Larg. 164, *(col :) vol* 188.

2) Mit *e*: *souspire Man.* 447*, *destine (: Menekine)* 1339*, *pense (: penitance)* 1565*, *remire (: dire)* 1588*, *quide* 1698*, 1699*, *prie (: vilonnie)* 1937*, 5131*, *amie (: fie)* 2576*, *(cose :) ose* 3252*, *porte* 3384*, *(mervelle :) esmervelle* 4250* etc., *sanle* JBl. 142, *devise (: debrise* III. Sing.) 2321*, *renonce: (fronce)* 261, *conte (: conte, comitem)* 371*, *aporte (: morte)* 1675* etc.

Manchmal wechselt eine Form in *e* mit einer anderen, in welcher die Endung fehlt, wie z. B. *pense (: penitance) Man.* 1565*, *pense (: defence)* F. Larg. 167 und *pens (: grans)* C. d'A. 11,12.

3) Hier und da erscheint auch die I. Person Sing. mit konsonantischem *i*: *doing (: loing) Man* .523*, *(gaaing :) amaing* 1254, *paroil (: chevoil)* JBl. 251*.

4) Mit *s*: *commans (: roumans) Man.* 21*, *entens (: tans)* 55*, *atens (: tens)* 2003*, *Sal.* 673*, *asens (: sens* Subst.) JBl. 1373*, *entans (: ahans)* 5363*.

5) Mit *ch*: *mech Man.* 466*, *cuich* 1269*, *esyarch* 1717*, *desfench* 1820, *ainch* 1917*, *pauch* JBl. 604, *sench* 605, *douch* 3797*, *entench* 3961* etc.

Dieser Palatal in der Endung geht auf einen Dental
oder auf *j* im Vulgärlatein zurück und weist auf östliche
Dialekte hin. Keine von den unter 5) angeführten Formen
ist gesichert. Ausserdem findet man dieselben nur im Innern
des Verses, deshalb möchte ich sie ausschliesslich dem Kopisten zuschreiben.

6) Mit *g*: *preng Man.* 2415. (Vgl. Suchier, Einleitung,
p. cxl.) Die II. Person Singul. gibt zu keiner Bemerkung Ver-
anlassung.

Das Endungs-*e* der III. Person Singul. ist stumm; nur
vor konsonantisch anlautenden Wörtern oder sonst, wenn
das Pron. Subjekt dem Verbum nachgestellt wird, bildet es
eine Silbe.

Für die I. Person Plural. ist die Endung -*ons* die allgemeine; hier und da finden wir aber auch die Endungen
-*on* und -*omes*.

1) Endung -*ons*: *alons Man.* 215, *prendons* 356, *volons*
643 etc.

2) Endung -*on*: *diron* (: *prison* Subst.) *Man.* 850, *aprenon : savon* 2097, *(non :) apeleron* 5196*, *fuisson : douterion
JBl.* 3523, *prison : dison Sal.* 216*.

3) Endung -*omes*: *laissomes Man.* 3547*, *cuidommes*
3921*. (Vgl. Suchier, Einleitung, p. cxl.) Diese Endung ist
noch heute in gewissen normannischen Dialekten vorhanden
(namentlich im Canton de Pont-de-l'Arche, Département
de l'Eure).

Die Endung der II. Person Plural. ist immer -*és*; die-
jenige der III. ist in allen Verben -*ent*, ausgenommen sind
natürlich die bekannten Formen: *ont JBl.* 4123, *sont* 4836,
font Man. 869, *vont F. Larg.* 215.

2. **Imperfektum Indikativi.** Das Imperf. des Ind. ist
rein francisch. Der Diphthong *oi* ist in den drei Personen
des Singularis und in der III. Pluralis selbst für die erste
Konjugation: *avoie (: voie, via) Man.* 2591, *manoit (: voit)* 3365,
(joie :) atendoie 4284, *(droit :) estoit* 4396, *cuidoient : estoient
JBl.* 1419, *conjoie (: joie)* 1493, *avoient : savoient* 1577, *reve-*

noit: donnoit F. Larg. 113, *avoient (: oient)* 135, *aloit : faloit*
151, *(mentiroie :) mentoie C. d'A.* 18,12 etc. Die I. Person
Plural. is meist *-ions*, daneben *-oons*, *-iiens-*, *-iens*:

1) Endung *-ions*: *pensions (: arions) Man.* 4234*, *JBl.*
3522*, *venions* 4896*, *alions* 5045*, *estions : solions* 7449*,
avions 5816*, *ressamblions C. d'A.* 34,4*. Aus dem Metrum
entnehmen wir, dass diese Endung zweisilbig ist. Es finden
sich ausserdem:

2) Endung *-oons*: *estoons JBl.* 1906*.
3) Endung *-iiens*: *estiiens Man.* 1255*, 5041*.
4) Endung *-iens* (einsilbig): *faisiens Man.* 3743*. *estiens* 7072*.

Die II. Person Plural. lautet entweder *-iés* (einsilbig)
oder *-iiés* (mehrsilbig):

1) Endung *-iés*: *estiés Man.* 4289*, *veniés* 6409*, *estiés
C. d'A.* 7,7*, *saviés Lai* 97*.

2) Endung *-iiés (iës)*: *aviiés Man.* 1965*, *faisiiés* 2393*,
aliiés 3279*, *saviiés* 4235*, *estiiés* 4292*, 5546*, 5717*, *JBl.*
889*, *disiiés Man.* 4818*, *saviiés* 4869*, *toliiés* 4935*, *aviiés*
JBl. 3265*, *aliiés* 3341*, *atendiiés* 3705*, *perdiiés* 3964*,
metiiés 5805*, *aviés Man.* 4286*, *JBl.* 3737*, *moriës JBl.*
885*, *estiés* 1131*. (Vgl. Suchier, Einleitung, p. cxlj.)

3. Perfektum. Diese Zeit bietet keine Eigentümlich-
keiten.

I. Person Singul. *laissai Man.* 4181, *respondi (: midi)*
JBl. 5725.

III. Person Singul. *enfanta (: a) Man.* 2971, *ajenoiilla (: a)*
Sal. d'A. 275, *ala (: a) JBl.* 5691.

Die III. Person Plural. ist immer *-erent* für die erste
Konjugation: *armerent : monterent Man.* 2687, *sejournerent :*
tornerent 3889, *tuerent : navrerent JBl.* 4387, *reculerent : do-
nerent* 4399 etc. Die Form *-arent* wurde nicht belegt.

Rein francisch ist die Endung *-irent*, welche in der
Sprache des Dichters die herrschende ist: *(departirent :)*
prirent Man. 377*, *(descendirent :) mirent* 2673*, *firent (: gar-
nirent) Man.* 7849*, *firent (: virent)* 8433*, *(issirent :) dirent*

JBl. 5081*, *remirent : firent* 5525*, *(entendirent :) prirent F. Larg.* 382*. Hier und da finden wir im Innern des Verses die picardische Endung *-isent*, z. B. *fisent JBl.* 5218, dieselbe rührt aber vom Schreiber her. Die anderen Personen dieser Zeit bieten nichts erwähnenswertes. (Vgl. Suchier, Einleitung, p. cxlij.)

4. **Futurum und Konditionalis.** Die Endungen des Futurs sind *ai, as, a, ons, és,*[1] *ont: lairai Man.* 737, *savra* 3058, *avras* 4401, *verront* 5114, *voldrés C. d'A.* 27,6, *dirons Man.* 3345. In beiden Zeiten wurden *b, d* zwischen *m-l, l-r, n-r* oft nicht eingeschoben;[2] diese Eigentümlichkeit wurde bereits S. 34 u. 41 besprochen. Als weitere Belegstellen seien noch angeführt: *tenra JBl.* 2429, *venront* 3688, *tenron JBl.* 5390, *penroient Man.* 337.

Ziemlich häufig finden wir auch Formen mit eingeschobenem *e,* welche dem Dichter eigen sind, wie wir dies aus dem Metrum entnehmen:

Se tu mens, par tans saveras Man. 4402,
Que la revenir deveront JBl. 5223.

Es kann auch Metathesis stattfinden, wie in *enterra Man.* 3304 für *entrera,* oder auch Abfall des Vokals der Infinitivendung: *donroit C. d'A.* 15,10. Nicht selten finden wir kein *s* in der I. Person Plural des Futurs wie in *diron Man.* 850, *tenron : seron JBl.* 5389.

Der Konditionalis hat im Singular und in der III. Person Plural. die Endungen des Imperfektums: *demourroie (: voie) Man.* 59, *penroient* 337, *arderoie : avroie* 3775, *poroie JBl.* 142, *penroit* 566 etc.

Die I. Person Plural des Konditionalis weist dieselben Endungen auf, wie das Imperfektum des Indikativs (*-oons* ausgenommen):

---

[1] Gesichert ist die einmal vorkommende Endung *-ois* für die II. Person Plural.: *(beneois :) arrois Ave* 5,2 *. (Vgl. Suchier, Einleitung, p. cxliv.) [2] Wilmotte (Romania, XVII, 556) hat darauf hingewiesen, dass der picardische und der wallonische Dialekt meist unterlassen *b, d* zwischen *m-l, l-r, n-r* einzuschieben.

4*

1) Endung -ions (zweisilbig): porions Man. 3760*, JBl. 1372*, arions Man. 4234, avrions JBl. 1905*, demourions: serions 3971*, perdrions 4490*, demanderions 5816*.

2) Endung -ion (zweisilbig): douterion JBl. 3523*. Diese Endung fehlt im Imperfektum.

3) Endung -iiens (iëns) (zweisilbig): vaudriiens Man. 345*, poriëns 4109*.

Für die II. Person Plural:

1) Endung -iés (einsilbig): verriés Man. 4168*, perderiés 2394*, averiés 3724*, poriés JBl. 216*, 892*, vaurriés 2352*, Sal. 1007.

2) Endung -iiés (-iës) (mehrsilbig): orriiés Man. 1965*, poriiés 2392*, ariiés 2558*, seriiés 3279*, poriiés 4869*, ariiés 4935*, demouriiés: avriiés JBl. 1881*, sariiés 3341*, poriiés 5805*, C. d'A. 16,40; vaudriës Man. 1113*, feriës 1952*, verriës 6410*, moriës JBl. 885*, porriës Lai 150*, savriës C. d'A. 18,10*, avriës 19,7*, donriës 19,9*.

5. Präsens Konjunktivi. Im Singular der Verba der schwachen Konjugation findet man das e, welches aus Analogie mit den anderen Konjugationen bereits eingedrungen ist. Die regelrechten Formen der I. Person Singul. ohne finales e sind etwa bis Mitte des XIII. Jahrhunderts erhalten, von da an erscheinen sie vereinzelt.

In der III. Person Singul. ist das e manchmal vorhanden, z. B. in: doigne Man. 43*, Sal. 715*, voise Man. 419*, truise 1314*, 5641*, JBl. 1844, ainme 5608*, trence JBl. 473*, aille 2026*, tence F. Larg. 45*, desdaigne 68*, lieve 95* neben voist Man. 9, 3332*, doinst 782*, aït 1816*, aint Sal. 877*, envoit 891*, lot 169*, aut 954*. (Vgl. Suchier, Einleitung, p. cxliij.) Zweimal im Reim finden wir für die II. Person Plural die Endung -ois: Sachois (: gabois Subst.) Lai 78*, (auchois:) gabois (Verbum) 139*. (Vgl. Suchier. Einleitung, p. cxliv.)

6. Es seien hier noch einige dem Norden angehörige Formen des Imperfektums Konjunktivi angeführt, wie: osaisse JBl. 746, loaisse 932, trovaissent 1421, semblaissent

2168, *racontaisse : contaisse Man.* 1303, *gardaissent : laissaissent*
2957, *laissaisse : retornaisse* 4431 etc., welche der Kopist eingesetzt haben dürfte. Über die anderen Personen des Kon-
junktivs dieser zwei Zeiten ist sonst nichts zu bemerken.

7. Bemerkenswerte Verbalformen.

aler.

Präs. I. Sing. *vois (: trois) Man.* 2550, III. Sing. *va* 3166,
I. Plur. *alons* 215, *vont F. Larg.* 215. — Imperf. *aloit Man.*
192, *alions* 5045*, *aliiés* 3280*. — Perf. *ala JBl.* 5691. —
Futur. III. Sing. *era Man.* 6893, *irons* 2648, *eron* 6654, *irés*
3278. — Konj. III. Sing. *aut JBl.* 954, *aille* 2026, *voise
Man.* 419, *voist* 9. — Inf. *aler JBl.* 2536. — Part. Perf.
alee. Man. 3564.

laissier.

Präs. III. Sing. *entrelaisse Man.* 492, *laist JBl.* 1445,
lest 1014, *let* 1354. — Perf. III. Sing. *laissa Man.* 6892. —
Futur. *lairai Man.* 197, 293, *laira* 690, *lairons* 3345, *lairont*
606. — Konj. III. Sing. *laist Man.* 988. — Konj. Imp. *laissaissent Man.* 2958. — Inf. *laissier Man.* 549.

proier.

Präs. I. Sing. *pri (: merchi) Man.* 129*, III. Sing. *prie
JBl.* 3725, *priiés Man.* 7195, *priënt JBl.* 5254. — Perf.
proia JBl. 3788, *pria* 3703. — Konj. *proiiés JBl.* 4944. —
Inf. *proiier JBl,* 3680, *proier Man.* 712.

trover.

Präs. I. Sing. *truis Man.* 61, 5571. — Konj. III. Sing.
truise Man. 1314, 5641, *JBl.* 1844. — Inf. *trouver Sal.* 876.

beneir.

Konj. III. Sing. *beneïe Man.* 7224.

cremir.

Präs. III. Sing. *crient JBl,* 1661, *criement* 1559. — Inf.
cremir Man. 1928, 5971.

issir.

Präs. III. Sing. *ist Man.* 590. — Perf. *issirent JBl.* 2040,
5081. — Inf. *issir Man.* 139. — Part. Perf. *issu(s) Man.*
745. 7731.

jesir.

Präs. III. Sing. *gist Man.* 2475. — Imp. *se gisoit Man.*
3615. — Perf. *jeüstes Man.* 6639. — Inf. *jesir JBl.* 4322.

morir.

Futur. *morrés C. d'A.* 22,1. — Kondit. *morroie JBl.* 1072.
— Konj. I. Sing. *muire JBl.* 1735. — Inf. *morir JBl.* 629.

oïr.

Präs. I. Sing. *oi JBl.* 978, III. Sing. *ot Man.* 543, 573,
1953 etc., *oit* 5151, *oënt* 27, 28. — Perf. *ot Man.* 6331. —
Futur. *orra JBl.* 3803, *orrés* 1311, *orrois Ave* 5,2*. —
Kond. *orriés Man.* 1966*. — Konj. III. Sing. *oie Man.* 1204.
— Inf. *oïr Man.* 5, 1061.

tenir.

Präs. I. Sing. *retieng JBl.* 156, *tient Man.* 178. — Imp.
tenoit JBl. 55. — Perf. *ting Man.* 4436, *tinrent JBl.* 180. —
Futur. *terrai Man.* 5167, *tenra JBl.* 2429, *tenron* 5390. —
Konj. III. Sing. *tiengne JBl.* 2113. — Konj. Imp. *tenist JBl.*
2316, *tenissent* 3619. — Inf. *tenir Man.* 78, 1392, 1599.

venir.

Präs. III. Sing. *vient Man.* 2829. — Imp. *veniés Man.*
6409. — Perf. *reving Man.* 4435, *vinrent JBl.* 179, *vindrent
Man.* 8195. — Futur. *venront JBl.* 3688. — Imp. *revien*

(: sien) Man. 4992. — Konj. III. Sing. vaigne (: bargaigne)
JBl. 585, viegne 2502. — Konj. Imp. venisse Man. 4308,
venist JBl. 3299. — Inf. venir JBl. 4321. — Part. Perf.
venu(e) JBl. 906.

avoir.

Präs. ai Man. 1264, a 3081, avon 5095, avés JBl. 4334,
ont 4124. — Imp. avoit JBl. 56, avions 5816*, aviiés 3265*,
Man. 1965*, aviés Man. 4286*. — Perf. ot Man. 1053, eüistes
1133, eurent 6515*, JBl. 6011. — Futur. arai JBl. 526,
avras Man. 4401, avra 697, aront JBl. 5569. — Kond. arions
Man. 4234*, JBl. 3522*, avrions JBl. 1905*, ariiés Man.
2558*, 4935*, avriiés JBl. 1882*, avriés C. d'A. 19,7*, averiés
Lai 3724*. — Konj. Imp. eüsse Man. 6392, eüst 1334, eüs-
sent JBl. 4520. — Part. Pret. eü JBl. 1085.

caloir.

Präs. caut JBl. 853. — Imp. caloit Man. 625. — Konj.
III. Sing. caille Man. 4942. — Konj. Imp. chausist JBl. 2907.

caoir, cheoir.

Präs. III. Sing. ciet Man. 816, cieent 1307. — Imp.
caoient JBl. 1825. — Perf. III. Sing. chaï Man. 6281. —
Inf. caoir Man. 690, cheoir 8549. — Part. Pret. cheü(e)
Man. 6286.

manoir, maindre.

Präs. maint Man. 2941. — Imperf. manoit Man. 3365. —
Perf. I. Sing. manui Man. 5927, remest JBl. 1459. — Inf.
manoir Man. 8509, 8510, maindre 476, Sal. 578*. — Part.
manans Man. 1381.

mouvoir.

Perf. I. Sing. mui Man. 274, JBl. 1668. — Inf. mouvoir
Man. 3026. — Part. Pret. meü Man. 4043.

pooir.

Präs. I. Sing. *puis Sal.* 512, *puet Man.* 100, *poës* 549. —
Perf. *püst Man.* 1333. — Futur. *porra Man.* 1061. — Kond.
porroie Man. 6539, *poriëns Man.* 4109*, *porions* 3760*, *poriiés* 4870*, *JBl.* 5806*, *C. d'A.* 16,10*, *Lai* 80*, *porriés* 150*,
poriés JBl. 216*, 892*. — Konj. I. Sing. *puisse JBl.* 1843. —
Konj. Imp. *püssent Man.* 6511*.

savoir.

Präs. *sai (: ai) Man.* 1263, *set* 1712, *savon* 2097, *savez*
580. — Imp. *savoit Man.* 193, *saviiés* 4235*, 4869*, *saviés
Lai* 97*, *savoient* 4024. — Perf. *sot (: sot,* dumm) *JBl.* 169,
Man. 3397*, 6591*, 7202*, *seut JBl.* 459*, 1091, *seurent
Man.* 4263*. — Futur. *savra Man.* 698, 2025 etc., *sarés* 1212.
— Kondit. *sariiés JBl.* 3342*, *savriës C. d'A.* 18,10*. —
Konj. *saciés JBl.* 3243, *sachois Lai.* 78*, *sachiés* 82. — Konj.
Imp. *seüsse Man.* 6391, *seüst JBl.* 711, *seüssent* 4519. —
Part. Pret. *seü(e) Man.* 2028 (zweisilbig).

(seoir), seïr.

Präs. *assiet Man.* 6567. — Perf. *sist JBl.* 2138. — Inf.
seïr (: tenir) Man. 1600.

valoir.

Futur. *vaura JBl.* 3935. — Konj. Imp. *vausist. Man.*
90, 4070.

veoir, veïr.

Präs. *voi Man.* 4797, *veons* 6878. — Perf. I. Sing. *vi
(: onni) Man.* 1590, *vit* 3067, *veïstes* 4502, *virent* 8434. —
Futur. *verront Man.* 5113. — Konj. I. Sing. *voie Man.* 1761,
2133. — Konj. Imp. *veisse Man.* 5972, *veïst JBl.* 361, *veïs-
siés Man.* 8175, *veïssent* 3821. — Inf. *veoir (: savoir) Man.*
1331*, *veïr (: plevir)* 677. — Part. Pret. *veü JBl.* 4204 (zweisilbig).

voloir.

Präs. I. Sing. *voel Man.* 21, 36, 1575, *voeil* 60, *vol JBl.*
4759, III. Sing. *velt Man.* 364, *volt* 845, *veut* 959, *JBl.* 1769,
volon Man. 1208. — Imp. *voloi Sal.* 203, *voloient Man.* 720. —
Perf. I. Sing. *vol Man.* 1772, *vols* 2001, II. Sing. *vols* 1239,
III. Sing. *vaut* 1162, *volsimes* 4220, *vausistes* 1098, 1137,
4446, *volsistes* 1125. — Futur. *volra JBl.* 5014, *vaurra*
F. Larg. 130, *voldrés C. d'A.* 27,6, *volront Man.* 5114. —
Kondit. *vaurroie JBl.* 1535, *vaurriés JBl.* 2352*, *Sal.* 1007*.
— Konj. III. Sing. *voel Man.* 8. — Konj. Imp. *volsisse C. d'A.*
41,1, *volsist JBl.* 2137, *vausist* 2908, *vausissent* 1535, *Man.* 855.

dire.

Präs. I. Sing. *di (: midi) Man.* 2194, *diént JBl.* 5253. —
Imp. *disiiés Man.* 4818*. — Perf. III. Sing. *dist Man.* 1232,
dirent JBl. 5081. — Futur. *dirai Man.* 198, *dira JBl.* 871,
diron Man. 850, *dirons* 3346. — Konj. III. Sing. *die JBl.*
5255. — Konj. Imp. *deïst JBl.* 3360, *deïstes* 4501, *deüssent* 3822.

estre.

Präs. *sui (: lui) JBl.* 3701, *iés* 3713, *es* 3714, *est* 3771,
sommes Man. 5348, *estes JBl.* 2960, *sont* 2627. — Imp.
I. Sing. *iere Man.* 5550, *ere* 7036, III. Sing. *ere* 312, 2095,
ert 49, 52, *iert* 54, *estoit* 53, *estiiens* 1255*, 5041*, *estiens*
7072*, *estoons JBl.* 1906*, *estions Man.* 7449*, *estiiés Man.*
4292*, *estiés JBl.* 1131*, *estiés Man.* 4289*, *C. d'A.* 7,7*,
estoient Man. 719. — Perf. *fui (: lui) Man.* 700, *fu (: aperceü)*
974, *fustes JBl.* 2639, *furent* 3746. — Futur. I. Sing. *iere*
Sal. 205, 387, III. Sing. *iert Man.* 79, *sera JBl.* 3542, *seron*
5390, *serés* 148, *ierent Man.* 6883. — Kond. *seroie JBl.:*
1936, *seroit* 3773, *serions* 3971, *seriiés Man.* 3279*. — Konj.
I. Sing. *soie JBl.* 851, *soiiés* 213. — Konj. Imp. *fuissiés Man.*
997. — Inf. *estre Man.* 4298.

faire.

Präs. *fas JBl.* 1309, *fach* 4339. — Imp. *faisoit Man.*
1044, *faisiens Man.* 3743*, *faisiiés* 2393*. — Perf. I. Sing.
*

fis Man. 33, II. Sing. *feïs JBl.* 1745, *fist Man.* 4045, *feïstes* 563, *firent* 7849. — Futur. *ferai Man.* 225, *feront* 605. — Kond. *feriés Man.* 1952*. — Konj. I. Sing. *face Man.* 4313, *faciés* 364. — Konj. Imp. *feïsse Man.* 4307, *feïst JBl.* 144. — Inf. *faire Man.* 454, 455, *JBl.* 5778 etc. — Part. Pret. *fait(e) JBl.* 225.

mettre.

Präs. I. Sing. *mech Man.* 466, III. Sing. *met Man.* 2129. — Imp. *metiiés JBl.* 5805*. — Perf. II. Sing. *meïs JBl.* 1746, *remeïstes* 881, *mirent Man.* 2673. — Futur. *metront JBl.* 5438. — Konj. Imp. *meïst JBl.* 680. — Inf. *metre JBl.* 4434, *Man.* 1563 etc. — Part. Pret. *mis Man.* 258.

plaire.

Präs. *plaist JBl.* 1446. — Perf. *plent JBl.* 1360. — Conj. III. Sing. *plaisse (: entrelaisse) Man.* 491, *place* 5636. *plaise* 1880, 5769. — Konj. Imp. *pleiist Man.* 5333. — Part. Pret. *pleü Man.* 4044.

prendre, peure.

Präs. III. Sing. *prent Man.* 506, *prendons* 356, *aprenon* 2098, *prendent* 5849. — Perf. *prist Man.* 7244, *prirent* 377, *F. Larg.* 382. — Futur. *prenderai Man.* 226 (Dichter), *penrai* 338, 1547, 1548. — Kond. *penroient Man.* 338. — Konj. I. Sing. *praigne Man.* 449, 663, I. oder III. Sing. *prenge* 571. — Imp. *preïsse JBl.* 4954, *apreïst* 143. — Inf. *prendre Man.* 2325, *C. d'A.* 8,8, *peure Man.* 797. — Part. Pret. *(em)pris Man.* 41.

vivre.

Perf. III. Sing. *vesqui JBl.* 6140. — Kond. *riveroit* 3966.

III. Mundart des Dichters.

Zur Bestimmung der Mundart, in welcher Beaumanoir seine poetischen Werke verfasst hat, stellen wir nun die verschiedenen Ergebnisse unserer Arbeit zusammen:

1. lat. freies betontes $a = e$;
2. *an* und *en* werden unter einander gebunden:
3. $\bar{e}$ entsteht aus $\bar{a}$ *(laiens : liiens)* neben *Jehans : leans*;
4. *-aticum* ergibt *-age*;
5. *-abula, -abilis* ergeben *-able* und einmal *-aule (faule : espaule)*;
6. Perfekt-Endung *-arunt = erent*:
7. *ę* und *i* in Position ergeben meistens *e*;
8. *e* zwischen *d (t)*, *s, v, r* eingeschoben *(viveroit* drei-silbig);
9. *ę + i* wird immer *i*;
10. lat. *me, te, se = moi, toi, soi (moi : doi, veoir : savoir)* und *mi, ti, si (mi : desservi, veïr : plevir, seïr : tenir)*;
11. lat. *ǫ* in offener betonter Silbe ergiebt *ou, eu*;
12. *-ocus* ergibt *eu* und *u (fu : issu)*;
13. *e* vor *n* wird *ei* nicht *oi*;
14. *-iée* wird fast immer *-ie*, äusserst selten erscheint die Form *-iée*;
15. *-el* und *-il +* Cons. = *iau*;
16. *dr* ergibt *rr*;
17. *nr* wird oft zu *rr (couverra)*;
18. *b, d* werden manchmal zwischen *m* und *r* einge-schoben;

19. Die Partizip-Endung -*atus* ist fast immer *e (gié : congié)*, die Endung -*et* ist seltener;
20. *t + s* ergiebt nie *z*, sondern immer *s*;
21. das francische und das picardische *ch* sind beide gesichert.

Nach den Punkten 3, 8, 10, 14, 20, 21 schliessen wir, dass das Picardische die Mundart Beaumanoirs war. Freilich sind häufig daneben auch zahlreiche gesicherte francische Formen; dies beweist aber nur, dass seine Mundart eine stark francische Färbung an den Tag legt, welche Färbung oft so ausgesprochen ist, dass sie manchmal das Picardische fast verdrängt. Immerhin bleiben für letzteren Dialekt die Punkte 14 und 20 massgebend, weil die unter Nr. 14 aufgeführten sprachlichen Eigentümkeiten nahezu, und die unter Nr. 20 genannten völlig, ausnahmslos erscheinen.

Durch irgend einen Umstand, welcher wahrscheinlich mit seinem Lebenslaufe zusammenhängt, hat sich der im picardischen Sprachgebiete geborene Dichter später die francische Mundart angeeignet, es ist ihm aber, wie bereits Suchier angedeutet hat, nicht gelungen, aus seiner Sprache gewisse Eigenheiten gänzlich auszumerzen, welche den picardischen Charakter derselben verraten.

Von einigen dialektischen Einmischungen, wie z. B. *paroil : chevoil JBl.* 251, *(coustume :) tume* 428, *teve (: leve)* 4451 etc., können wir völlig absehen, weil dieselben nur sporadisch auftreten und sich deshalb als Reimlicenzen auffassen lassen.

Druck von Oscar Brandstetter in Leipzig.